QuickStart
dBASE IV

QuickStart dBASE IV

Wolfgang Schellenberger

DÜSSELDORF · PARIS · SAN FRANCISCO · LONDON · ARNHEIM

Anmerkungen:

EPSON ist ein eingetragenes Warenzeichen der Epson Corp.
IBM ist ein eingetragenes Warenzeichen der IBM Corp.
dBASE II, dBASE IV, Framework, RapidFile sind eingetragene Warenzeichen der Ashton Tate Corp.
Lotus 1-2-3 ist eingetragenes Warenzeichen der Lotus Inc.
Visicalc ist eingetragenes Warenzeichen der VisiCorp Inc.
Multiplan ist eingetragenes Warenzeichen der Microsoft Corp.

Fast alle Software- und Hardwarebezeichnungen, die in diesem Buch erwähnt werden, sind gleichzeitig auch eingetragene Warenzeichen und sollten als solche betrachtet werden.

Autor: Wolfgang Schellenberger
Satz: Friederike Schellenberger
Farbreproduktionen: Rheinische Reprotechnik, Düsseldorf
Umschlaggestaltung: Design Studio, Düsseldorf
Druck und buchbinderische Verarbeitung: Boss-Druck und Verlag, Kleve

Der Verlag hat alle Sorgfalt walten lassen, um vollständige und akkurate Informationen in diesem Buch bzw. Programm und anderen evtl. beiliegenden Informationsträgern zu publizieren. SYBEX-Verlag GmbH, Düsseldorf, übernimmt weder Garantie noch die juristische Verantwortung oder irgendeine Haftung für die Nutzung dieser Informationen, für deren Wirtschaftlichkeit oder fehlerfreie Funktion für einen bestimmten Zweck. Ferner kann der Verlag für Schäden, die auf eine Fehlfunktion von Programmen, Schaltplänen o.ä. zurückzuführen sind, nicht haftbar gemacht werden, auch nicht für die Verletzung von Patent- und anderen Rechten Dritter, die daraus resultieren.

ISBN 3-88745-248-8
1. Auflage 1989
2. Auflage 1989
3. Auflage 1989

Alle Rechte vorbehalten. Kein Teil des Werkes darf in irgendeiner Form (Druck, Fotokopie, Mikrofilm oder in einem anderen Verfahren) ohne schriftliche Genehmigung des Verlages reproduziert oder unter Verwendung elektronischer Systeme verarbeitet, vervielfältigt oder verbreitet werden.

Printed in Germany
Copyright © 1989 by SYBEX-Verlag GmbH, Düsseldorf

Einführung in QuickStart

Vermutlich sind Sie der ideale PC-Anwender. Sie kennen die grundlegenden Funktionen von Tabellenkalkulationen, Textverarbeitungen und Dateiverwaltungen. Kurz: Sie sind ein engagierter und interessierter PC-Benutzer und möchten sich das nötige Wissen über verschiedene Standardprogramme in kürzester Zeit aneignen. Für Sie ist die QuickStart-Buchreihe aus dem SYBEX-Verlag entwickelt worden.

Zielgruppe

Ein übersichtlich strukturiertes Konzept führt Ihnen in 20 Schritten vor, was das Produkt kann, wie Sie mit dem jeweiligen Programm umzugehen haben und wie Sie schnell zu brauchbaren Arbeitsergebnissen kommen.

Damit erfüllt ein solches QuickStart-Buch zwei Aufgaben: Es informiert Sie über die Eigenschaften eines Programms und gibt Ihnen die Möglichkeit, sich schnell mit ihnen vertraut zu machen. So bekommen Sie eine echte Entscheidungshilfe für den Kauf an die Hand und dazu einen Grundkurs in 20 Schritten, der auch Anfängern mit geringen Vorkenntnissen das nötige Basiswissen zu einem Programm vermittelt.

Was leistet das Buch

Der Erfolg liegt auf der Hand. Erstens: Sie investieren in Software, die Ihren Anforderungen entspricht, weil Sie nach der Lektüre der betreffenden QuickStart- Bücher die Unterschiede zwischen den Programmen einer Kategorie kennen. Zweitens: Nach dem Kauf des Produktes können Sie sich das Studium der Original-Handbücher fürs erste sparen und sich statt dessen mit den 20 Schritten einarbeiten.

Da Sie sicherlich, wie jeder vielbeschäftigte Anwender, so wenig Zeit wie möglich in das Studium von Begleitliteratur investieren wollen oder als Einsteiger so wenig wie möglich überflüssigen Text lesen möchten, haben wir den Titeln aus der QuickStart-Reihe eine entsprechende Struktur gegeben.

Die Zeitersparnis fängt bei der richtigen Zeiteinteilung an: Zu jedem Schritt finden Sie eine Zeitangabe, die darstellt, wieviel

Struktur des Buches

Zeit Sie aufwenden müssen, um diesen Schritt am Gerät durchzuarbeiten.

Zeitbedarf

Uhr

Natürlich brauchen Sie viel weniger Zeit, wenn Sie die Schritte nur theoretisch nachvollziehen. Zusätzlich finden Sie in der Marginalspalte kurze Hinweise auf den Inhalt der wichtigsten Abschnitte innerhalb eines Schrittes. So können Sie sich schnell auf jeder Seite orientieren.

Drei Symbole sollen Ihnen helfen, besonders wichtige Punkte schnell zu finden; welches Symbol welche Bedeutung hat, zeigen die folgenden Abbildungen:

Symbole

Achtung

Hinweis

Ausführung

Die QuickStart-Bücher können natürlich kein Anleitungsbuch mit fortgeschrittenen Anwendungen ersetzen, Sie erhalten jedoch die nötigen Informationen, damit Sie das Programm sinnvoll einsetzen können und die Grundfunktionen kennen.

Der erste Schritt befaßt sich jeweils mit der Installation der Software unter Berücksichtigung verschiedener Hardware-Voraussetzungen, und Sie erfahren hier, ob das betreffende Programm überhaupt mit der bei Ihnen vorhandenen Hardware harmoniert. Auch die verschiedenen Möglichkeiten zum Starten des Programms werden erläutert.

Buchaufbau

Im zweiten Schritt wird die Benutzeroberfläche des Programms vorgestellt.

Benutzeroberfläche

Die folgenden 18 Schritte zeigen die grundlegenden Funktionen anhand von Beispielen oder kurzen Beschreibungen. Weiterhin erfahren Sie alles über das Verhältnis des jeweiligen Programms zu seiner Umgebung; also über die verschiedenen Möglichkeiten, Daten zu drucken, auf dem Bildschirm darzustellen, zu importieren und zu exportieren. Die letzten Schritte handeln dann von den Spezialitäten eines Programms, wie z.B. eine eingebaute Makrosprache, zusätzliche Editiermöglichkeiten oder die Palette der Zusatzprogramme von Drittherstellern. Falls zum Zeitpunkt der Drucklegung bereits Informationen über neuangekündigte Versionen des Programms vorliegen, werden diese so weit wie möglich vorgestellt.

Schritte 3 – 20

Sie sehen, ein QuickStart-Buch hilft Ihnen Geld und Zeit zu sparen.

Der SYBEX-Verlag ist sehr an Ihrer Reaktion auf diese Reihe interessiert; teilen Sie uns doch bitte Ihre Meinung zu diesem QuickStart-Buch mit. Ihre Erfahrungen nutzen allen Lesern und damit letztlich auch wieder Ihnen. Vielen Dank.

Der SYBEX-Verlag

Vorwort

Mit dBASE IV hat Ashton Tate den Nachfolger des überaus erfolgreichen dBASE III PLUS präsentiert. dBASE III PLUS ist wohl das populärste Datenbankprogramm im PC-Bereich überhaupt.

dBASE IV hat trotz aller Unterschiede doch noch einige Gemeinsamkeiten mit dBASE III PLUS. Datenbanken können unverändert übernommen werden, und mit dBASE III PLUS erstellte Programme funktionieren zumeist auch problemlos mit dBASE IV.

Völlig neu ist dagegen die Benutzeroberfläche von dBASE IV. Und um die dreht es sich auch in diesem Buch. Wir zeigen Ihnen, wie Sie ohne eine einzige Programmzeile von Hand zu schreiben, eine komplette Kunden- und Termin- bzw. Fristenverwaltung mit dem Regiezentrum von dBASE IV erstellen. Dies alles in kurzen, prägnanten Schritten, ohne Prosa und langatmige Umschreibungen.

Ich hoffe, daß Ihnen der Stil des Buches gefällt. Wenn Sie auch zu denen gehören, die wenig Zeit haben, werden Sie mit diesem Buch keine Zeit verschwenden, sondern in kürzester Zeit alles Notwendige lernen.

Düsseldorf, im März 1989

Wolfgang Schellenberger

Inhaltsverzeichnis

1 Schritt 1: Installation

7 Schritt 2: Benutzeroberfläche

13 Schritt 3: Dateiaufbau

19 Schritt 4: Struktur ändern

23 Schritt 5: Bearbeiten

33 Schritt 6: Die Abfrage

39 Schritt 7: Kombinierte Suche

43 Schritt 8: Funktionen

49 Schritt 9: Sicht erstellen

55 Schritt 10: Eingabeformular

59 Schritt 11: Sicht-Maske

67 Schritt 12: Standard-Berichte

75 Schritt 13: Rechenfunktionen

83 Schritt 14: Etiketten drucken

91 Schritt 15: Serienbriefe

97 Schritt 16: Der Generator

101 Schritt 17: Verbesserungen

111 Schritt 18: Im-/Export

115 Schritt 19: Makros

119 Schritt 20: DOS-Utilities

Schritt 1:
Installation

Der erste Schritt nach dem Erwerb eines neuen Programms besteht immer in der Installation. Doch vergessen Sie trotz aller Ungeduld nicht das Erstellen von Sicherheitskopien! Nachdem Sie dies erledigt haben, zeigen wir Ihnen, wie Sie dBASE IV auf Ihrer Festplatte installieren, und wie Sie die amerikanische Version von dBASE IV auf deutsche Verhältnisse anpassen.

Inhalt

Die Vorbereitungen

Sie sollten prinzipiell von jeder Originaldiskette eine Kopie anfertigen. Dies sind bei dBASE IV zwar 14 Disketten (und dies hält Sie deshalb auch eine nicht unbeträchtliche Zeit auf), doch wenn mal irgend etwas passiert, haben Sie immer eine Reserve zur Verfügung. Außerdem ist dBASE IV zum Glück nicht kopiergeschützt, und Ashton-Tate erlaubt ausdrücklich das Erstellen von Kopien, aber natürlich ausschließlich für den persönlichen Gebrauch.

Kopieren der Original-Disketten

Kopieren mit einem Laufwerk

Da Sie für dBASE IV eine Festplatte benötigen, wird Ihr Computer wahrscheinlich nur mit einem Diskettenlaufwerk, das die Bezeichnung "A:" trägt, ausgestattet sein. Zum Kopieren einer Diskette geben Sie folgenden Befehl ein:

```
DISKCOPY A: A:
```

Anschließend betätigen Sie die <Return>-Taste. Danach fordert DOS Sie auf, die Quelldiskette einzulegen. Nach kurzer Zeit werden Sie gebeten, die Zieldiskette einzulegen. Damit ist die erste Diskette auch schon kopiert. Dies wiederholen Sie bitte auch noch für die anderen 13 Disketten.

Kopieren mit zwei Laufwerken

Etwas einfacher gestaltet sich der Kopiervorgang, wenn Ihr Computer zwei Diskettenlaufwerke besitzt. Dann legen Sie die erste Originaldiskette in Laufwerk A und eine leere Zieldiskette in Laufwerk B ein. Der Befehl zum Kopieren lautet dann:

```
DISKCOPY A: B:
```

Sie brauchen hierbei nicht die Disketten zwischendurch zu wechseln. Auch diesen Befehl wiederholen Sie bitte für die restlichen 13 Disketten.

Die Hard- und Software-Voraussetzungen

dBASE IV stellt einige Ansprüche an Ihren Computer. Er muß folgende technische Voraussetzungen erfüllen (wobei wir davon ausgehen, daß es sich bei Ihrem Computer um einen IBM oder IBM-kompatiblen PC handelt):

- Festplatte mit mindestens 3,5 MB verfügbarem Speicherplatz
- mindestens 640 KB RAM
- mindestens ein 5 1/4- oder 3 1/2-Zoll-Diskettenlaufwerk
- dBASE IV unterstützt alle gängigen Grafikkarten und Drucker
- DOS ab Version 2.0

Die Installation

dBASE IV beinhaltet ein sehr komfortables und einfach zu benutzendes Installationsprogramm, das alle benötigten Dateien und Verzeichnisse auf Ihre Festplatte kopiert. Außerdem paßt das Programm auch Ihre Autoexec.bat- und Ihre Config.sys-Datei für dBASE IV an, wenn Sie dies wünschen.

Für die Installation legen Sie die Diskette mit der Aufschrift "Installation Disk" in Ihr Diskettenlaufwerk A: ein. Geben Sie ein:

```
A: <Return>
INSTALL <Return>
```

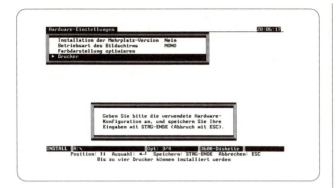

Abb. 1.1: Die Druckeranpassung

Bevor dBASE IV mit der Installation des Programms auf Ihre Festplatte beginnt, müssen Sie Ihren Namen und die Seriennummer des Programms, die Sie auf der Systemdiskette 1 finden, eintragen. Danach erscheint das Menü wie in Abb. 1.1.

Drucker einstellen

1. Wählen Sie die Option "Drucker", und betätigen Sie die <Return>-Taste.

2. Betätigen Sie die Tastenkombination <Shift><F1>. Daraufhin erhalten Sie eine Liste aller verfügbaren Druckertreiber. Wählen Sie mit den Cursortasten den gewünschten aus. Wenn Sie einen IBM-Grafikdrucker oder einen zu diesem kompatiblen Drucker besitzen, wählen Sie einfach "IBM-Drucker". Betätigen Sie die <Return>-Taste.

<Shift> <F1> ruft immer Auswahlmenüs auf

3. Im nächsten Fenster wählen Sie "IBM Grafik-Drucker".

4. Jetzt werden Sie nach der Schnittstelle gefragt, an die der Drucker angeschlossen ist. Betätigen Sie wieder die Tastenkombination <Shift><F1>. Aus der Liste wählen Sie im Normalfall "LPT1". Betätigen Sie die <Return>-Taste.

5. Im nächsten Fenster wählen Sie "IBMGP.PR2", damit Ihr IBM-Drucker voreingestellt ist.

Mehr brauchen Sie im Moment nicht einzustellen. Die vorgegebene Einstellung der Farben sollten Sie erstmal ausprobieren und daher nicht ändern. Betätigen Sie jetzt die Tastenkombination <Ctrl><End> bzw. <Strg><End>. Damit beenden Sie die Drucker-Einstellung und beginnen mit der Installation von dBASE IV auf der Festplatte.

Das Kopieren des Hauptprogramms

1. Zuerst möchte dBASE IV wissen, auf welches Laufwerk und in welches Verzeichnis es installiert werden soll (s. Abb. 1.2). Die Vorbesetzung können Sie problemlos übernehmen, wenn Sie nicht dBASE III PLUS besessen haben. In diesem Fall sollten Sie das Verzeichnis auf "DBASEIV" ändern, damit die alte Version erhalten bleibt. Sie können diese später immer noch löschen, wenn Sie Ihre Programme und Daten auf dBASE IV übernommen haben.

2. Nach dem Betätigen der <Return>-Taste fordert dBASE IV Sie auf, nacheinander die Systemdisketten 1 bis 9 einzulegen (s. Abb. 1.3).

3. Nach dem Kopieren des eigentlichen dBASE-Programms können Sie sich noch Ihre Autoexec.bat- und Ihre Config.sys-Dateien automatisch modifizieren lassen. Dies ist nicht nötig, wenn Ihr System bereits mit dBASE III PLUS funktioniert hat. Wählen Sie in diesem Fall die Option "Übergehen". Um das Ändern dieser Dateien durchzuführen, wählen Sie "Ausführen".

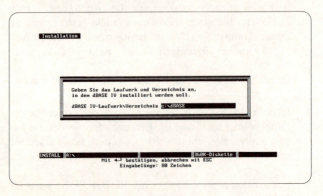

Abb. 1.2: Die Eingabe des Ziellaufwerks

Abb.1.3: Das Einlegen der Systemdiskette 1

4. Anschließend möchte das Installationsprogramm gerne die Beispieldaten kopieren und fragt zu diesem Zweck das Ziellaufwerk ab. Bestätigen Sie dies einfach mit der <Return>-Taste, und legen Sie die verlangten Disketten ein. Wenn Sie keine Beispieldaten haben möchten, können Sie auch diesen Punkt mit der Option "Übergehen" überschlagen.

5. Zum Schluß kann noch der mitgelieferte Tutor installiert werden. Auch hier wird wieder das Ziellaufwerk abgefragt, das Sie nur mit der <Return>-Taste zu bestätigen brauchen. Wenn Sie keinen Tutor haben möchten, können Sie auch diesen Punkt wieder mit der Option "Übergehen" überspringen.

Die Anpassung an deutsche Verhältnisse

Wenn Sie eine amerikanische Version von dBASE IV erworben haben, sollten Sie noch zwei Einstellungen vornehmen, damit Datum und Uhrzeit in der gewohnten Form auf dem Bildschirm erscheinen.

Nachdem Sie wieder gemäß Aufforderung die Installationsdiskette eingelegt haben, erscheint ein Bildschirm, um zum Programm dBSETUP zu wechseln. Wählen Sie die Option "Transfer to DBSETUP", um die Konfigurierungsdatei "Config.db" von dBASE IV zu modifizieren.

1. Wählen Sie die Option "Config.db".

2. Wählen Sie die Option "Modify existing Config.db".

3. Geben Sie das gewünschte Laufwerk ein, in unserem Beispiel wäre das "C:\DBASE".

4. Wählen Sie die Option "General".

5. Wählen Sie "Date", um die deutsche Datumsdarstellung einzustellen.

6. Betätigen Sie so oft die Leertaste, bis die Einstellung "German" erscheint.

7. Danach wählen Sie "Hours" an, um die in Deutschland übliche 24-Stundendarstellung einzustellen.

8. Betätigen Sie einmal die Leertaste, so daß die Einstellung "24" erscheint.

9. Betätigen Sie jetzt so oft die Cursortaste rechts, bis der Cursor auf "Ende" steht, und drücken Sie anschließend die <Return>-Taste.

10. Bestätigen Sie das abgefragte Laufwerk mit der <Return>-Taste, und wählen Sie anschließend "OK to overwrite", da Sie ja die bestehende Datei "Config.db" überschreiben wollen.

11. Wählen Sie jetzt "Ende".

Zusammenfassung

Damit ist die Installation abgeschlossen. Sie haben dBASE IV komplett mit allen Beispieldateien und dem Tutor auf Ihrer Festplatte installiert, das System an Ihren Drucker angepaßt und, wenn Sie die amerikanische Version besitzen, das Programm so weit wie möglich auf deutsche Verhältnisse eingestellt.

Schritt 2:
Benutzeroberfläche

In diesem Kapitel erlernen Sie die Grundlagen von dBASE IV. Dazu gehört das Schema des Bildschirmaufbaus, wie Sie vom Hilfesystem unterstützt werden, was das neue Regiezentrum beinhaltet und wozu der Prompt dient.

Inhalt

Allgemeines

dBASE besitzt einen einfachen und recht logischen Aufbau. Beginnen wir mit der Struktur des Bildschirms.

Der Bildschirmaufbau

Wie Sie in der Abb. 2.1 sehen, besteht der Bildschirm aus vier Teilbereichen. In der obersten Zeile finden Sie immer eine Menüzeile sowie rechts oben die Anzeige der Uhrzeit. Die Menüzeile aktivieren Sie mit der <F10>-Taste. Nach dem Betätigen dieser Taste erscheint ein Pull-Down-Menü.

In der Statuszeile werden folgende Informationen angezeigt:

– Typ des Bildschirms, in dem Sie gerade arbeiten
– Name und Pfad der in Arbeit befindlichen Datei
– Cursorposition
– Ursprüngliche Datenbank oder Sicht
– Tastaturstatus für Einfügemodus und Caps Lock

In der Navigationszeile werden die wichtigsten Tasten für die Arbeit mit dem angezeigten Bildschirm eingeblendet. Die Nachrichtenzeile enthält wichtige Informationen zum angewählten Menü oder zum Eingabefeld, in dem sich der Cursor befindet.

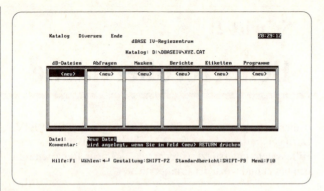

Abb. 2.1: Der Bildschirmaufbau

Die Menüs

dBASE enthält eine Menge verschiedener Menüs für die unterschiedlichsten Zwecke. Alle Menüs verbindet jedoch eine einheitliche Benutzeroberfläche. Folgende Funktionen sind immer gleich:

Taste	Funktion
<F10>	aktiviert ein Menü
<Esc>	verläßt ein Menü
<→>	wählt das nächste Pull-Down-Menü rechts
<←>	wählt das nächste Pull-Down-Menü links
<Return>	führt den angewählten Menüpunkt aus

Außerdem können alle Menüpunkte durch eine Tastenkombination sehr schnell ausgewählt werden. Dabei ist immer die <Alt>-Taste zusammen mit dem Anfangsbuchstaben des gewünschten Menüpunktes zu betätigen.

Das Katalog-System

Um effektiv mit dBASE IV arbeiten zu können, ist das Verständnis des Katalog-Systems unabdingbare Voraussetzung. Das Katalog-System erlaubt es Ihnen, die verschiedenen Anwendungsbereiche, die Sie mit dBASE IV verwalten, sauber zu trennen.

Das Katalog-System verfolgt einen ähnlichen Zweck wie die Verzeichnisse von DOS. Die DOS-Verzeichnisse erlauben es, Dateien für verschiedene Anwendungen so zu strukturieren, daß jederzeit erkennbar ist, welche Dateien zu welcher Anwendung gehören. Im Prinzip sind sie nichts anderes als Schubladen, in denen die zusammengehörenden Dateien abgelegt werden.

Ordnung durch Kataloge

Das Katalog-System dient den gleichen Zwecken, arbeitet aber nach einem etwas anderen System. Wenn Sie sich Verzeichnisse als Schubladen vorstellen, dann (um im Bild zu bleiben) haben Sie bei dBASE IV nur eine große, aber aufgeräumte Schublade (das dBASE IV-Verzeichnis) und eine Menge von Listen, auf denen genau steht, was zu einer Anwendung gehört. Dazu kommt noch, daß dBASE sich die benötigten Dateien automatisch holt und Ihnen zur Verfügung stellt.

Der Vorteil dieses Systems ist es, daß eine Datei in mehreren Katalogen auftauchen kann. Dies ist bei Verzeichnissen nicht möglich.

Dort kann eine Datei immer nur in einem Verzeichnis stehen. Beim Katalog-System aber können Sie eine Datei auf beliebig viele Listen (Kataloge) setzen und so Standard-Dateien (bei dBASE IV können dies Berichte, Sichten, Masken, Abfragen usw. sein) in mehreren Anwendungen benutzen.

Das Hilfesystem

Wie in fast allen modernen Anwendungsprogrammen erhalten Sie auch bei dBASE IV über die <F1>-Taste eine kontextabhängige Hilfe angeboten. Nach dem Betätigen dieser Taste wird in einem Fenster ein erläuternder Text zu dem gerade aktuellen Bildschirm angezeigt (Abb. 2.2).

Es gibt, nachdem Sie die Hilfefunktion aufgerufen haben, mehrere Möglichkeiten, weiterzumachen. Zuerst einmal können Sie die Hilfefunktion wieder mit der <Esc>-Taste beenden.

Daneben bietet dBASE IV Ihnen aber mit Hilfe der Menüzeile am unteren Rand des Hilfefensters noch vier andere Möglichkeiten.

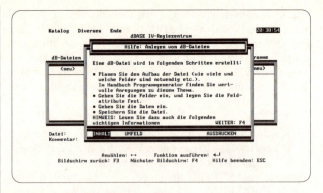

Abb. 2.2: Die kontextabhängige Hilfe

Inhalt	zeigt eine Liste aller Hilfetexte zum aktuellen Themenbereich an.
Umfeld	verzweigt zu Hilfetexten, die eine inhaltliche Beziehung zum angezeigten Hilfetext haben.
Schritt zurück	ruft den letzten Hilfetext wieder auf. Mit dieser Funktion kommen Sie wieder bis auf den zuerst aufgerufenen Hilfetext zurück. Diese Option steht logischerweise erst ab dem zweiten Hilfetext zur Verfügung.
Ausdrucken	Damit können Sie den angezeigten Hilfetext ausdrucken.

Das Regiezentrum

Die für den normalen Anwender offensichtlichste Neuerung von dBASE IV gegenüber dBASE III PLUS ist das Regiezentrum (s. Abb. 2.1).

Dieses Regiezentrum funktioniert von der Bedienung her fast genauso wie ein Pull-Down-Menü. Visuell besteht lediglich der Unterschied, daß die einzelnen Pull-Down-Menüs immer sichtbar sind.

Das Regiezentrum gliedert sich in sechs Abschnitte, auch Tafeln genannt. Jede Tafel enthält eine Liste von Dateinamen. Die sechs Tafeln beinhalten:

dB-Dateien	Liste aller verfügbaren Datenbanken (siehe Schritt 3 und 4);
Abfragen	Liste aller verfügbaren Abfragen und Sichten (siehe Schritt 6 bis 9);
Masken	Liste der Eingabeformulare, die mit vielen Optionen (z.B. Rahmen) gestaltet werden können (siehe Schritt 10 und 11);
Berichte	Liste der Druckformate (siehe Schritt 12 und 13);
Etiketten	Liste der Etikettenformate (siehe Schritt 14);
Programme	Liste der Anwendungsprogramme (siehe Schritt 16 und 17).

Bei jeder Tafel finden Sie außerdem noch die Option "neu". Wenn Sie diese Option mit der <Return>-Taste aufrufen, erstellen Sie eine neue Datei.

Der Inhalt der sechs Tafeln ist immer vom aktiven Katalog abhängig. Wenn Sie über das Menü (<F10>-Taste) einen anderen Katalog anwählen oder einen neuen Katalog definieren, werden die zu diesem Katalog gehörenden Dateinamen angezeigt.

Der Prompt

Sollten Sie während der Arbeit mit dem Regiezentrum die <Esc>-Taste betätigen, verlassen Sie das Regiezentrum und kommen in die Prompt-Ebene.

Der Prompt bietet eine andere, befehlsorientierte Form der Bedienung von dBASE IV. Alles, was Sie vom Regiezentrum aus schön menügeführt erledigen können, läßt sich auch vom Prompt aus mit verschiedenen Befehlen ausführen.

Geben Sie zum Beispiel den Befehl "Dir" ein, um sich eine Liste aller vorhandenen Datenbanken ausgeben zu lassen. Mit

```
USE Name
```

(Name steht für den Namen einer Datenbank) aktivieren Sie eine Datenbank, die Sie dann mit den Befehlen "Edit" oder "Browse" bearbeiten können. Der Befehl "Append" dient zum Eingeben neuer Datensätze.

Probieren Sie dies ruhig einmal alles aus. Wenn man die Befehle kennt, kann man sehr schnell und effektiv vom Prompt aus arbeiten. Dies empfiehlt sich aber nur für erfahrene Anwender oder Programmierer.

Mit der <F2>-Taste bzw. dem "Assist"-Befehl gelangen Sie wieder in das Regiezentrum zurück.

Zusammenfassung

Damit haben Sie im Schnellverfahren die wichtigsten Grundlagen von dBASE IV kennengelernt. In den nächsten Schritten besprechen wir die einzelnen Möglichkeiten, die das Kontrollzentrum bietet, noch genauer und zeigen Ihnen, wie Sie ohne eine einzige Zeile zu programmieren, ein komplettes Anwendungsprogramm in kürzester Zeit erstellen.

Schritt 3:
Dateiaufbau

Die Erstellung einer Datei

Inhalt

In diesem Schritt werden wir zwei Dateien erstellen, mit denen wir im Laufe des Buches weiter arbeiten werden. Diese Dateien, eine Adreßdatei und eine Termindatei, werden Sie, wenn Sie das ganze Buch durchgearbeitet haben, in die Lage versetzen, nicht nur eine gute Adreßverwaltung zu handhaben, sondern Sie werden im Besitz eines integrierten Adreß-/Terminmanagers sein, mit dem Sie auch alle Kontakte, Gespräche, Fristen und Termine für jede Adresse systematisch pflegen können. Außerdem sorgt das System dafür, daß Sie nie mehr einen Termin oder eine Frist verpassen.

Katalog auswählen

Zuerst sollten Sie einen neuen Katalog anlegen, damit nachher alle Dateien, die zu unserem Terminmanager gehören, zusammen aufgeführt werden (und nur diese). Dazu gehen Sie wie folgt vor:

1. Nachdem Sie dBASE IV gestartet haben, befinden Sie sich im Regiezentrum. Wählen Sie das Menü mit der <F10>-Taste an.

2. Bestätigen Sie die Option "Anderen Katalog wählen" mit der <Return>-Taste.

3. Wählen Sie die Option "neu", und bestätigen Sie diese mit der <Return>-Taste.

4. Geben Sie als Namen ein:

    `Terminer`   <Return>

Damit haben Sie einen neuen Katalog angelegt. Dies wird Ihnen in der vierten Bildschirmzeile angezeigt.

Adreßdatei definieren

Als nächstes definieren Sie die Datenfelder der Adreßdatei. Dazu gehen Sie wie folgt vor:

Im Regiezentrum wählen Sie in der Spalte "dB-Dateien" die Option "neu" und betätigen die <Return>-Taste. Daraufhin erscheint der Definitionsbildschirm für eine Datei. Sie müssen jetzt für jedes Feld festlegen, wie es heißt, welchen Typ es hat, welche Länge es besitzt und ob es ein Indexfeld sein soll. Für das erste Feld funktioniert dies so:

1. Der Cursor steht in der Spalte "Feldname". Tragen Sie als ersten Feldnamen "ADRESSNR" ein, und betätigen Sie die <Return>-Taste.

Die Namen brauchen Sie nicht in Großschrift einzugeben. dBASE IV setzt sie automatisch in Großschrift um.

Feldtyp

2. Jetzt steht der Cursor in der Spalte "Feldtyp". Mit der Leertaste können Sie sich die verschiedenen Feldtypen anzeigen lassen. Eine Übersicht finden Sie in der Tabelle 3.1. Wählen Sie "Zeichen", und betätigen Sie die <Return>-Taste.

Feldbreite

3. In der Spalte "Länge" legen Sie die Größe des Feldes fest, das heißt, wie viele Zeichen Sie dort maximal eingeben können. Für dieses Feld tragen Sie "12" ein und betätigen wieder die <Return>-Taste.

Dezimalstellen

4. Die Spalte "Dez" wird nur aktiviert, wenn Sie ein numerisches Feld definieren. Hier tragen Sie die Anzahl der Nachkommastellen ein.

Index

5. In der Spalte "Index" legen Sie mit "J" oder "N" fest, ob das Feld ein Indexfeld sein soll. Wenn ein Feld ein Indexfeld ist, kann nach diesem Feld sehr schnell gesucht werden. Außerdem kann nur nach Indexfeldern sortiert werden. Für die Adreßnummer tragen Sie bitte "J" ein, da Sie nach dieser Nummer in Zukunft schnell suchen werden.

Feldtyp	Erläuterung
Zeichen	Zeichen, alle ASCII-Zeichen sind erlaubt.
Numerisch	Fixkommazahlen, alle Ziffern sowie "+", "–" und "," sind erlaubt.
Gleit	Fließkommazahlen, alle Ziffern sowie "+", "–" und "," sind erlaubt.
Datum	Datum, feste Länge von acht Zeichen, Format ist abhängig von der Einstellung in der Datei "Config.db" (siehe Schritt 1).
Logisch	Logikfeld, enthält nur die Werte "True" (.T.) oder "False" (.F.). Es ist auch die Eingabe von "J", "j", "N" oder "n" erlaubt.
Memo	Notizfeld, feste Länge von zehn Zeichen. In einer separaten Datei wird die eigentliche Notiz gespeichert.

Tab. 3.1: Liste aller Feldtypen

Damit haben Sie das erste Feld definiert. Wiederholen Sie die Schritte 1 bis 5 auch für die restlichen Felder. Eine Übersicht, welche Felder wir noch benötigen, finden Sie in der Abb. 3.1.

Nachdem Sie alle Felder definiert haben, betätigen Sie die Taste <F10> zum Aufruf des Menüs und wählen die Option "Ende". Bestätigen Sie die Anzeige "Speichern und beenden" mit der <Return>-Taste. Als Namen geben Sie ein:

ADRESSEN

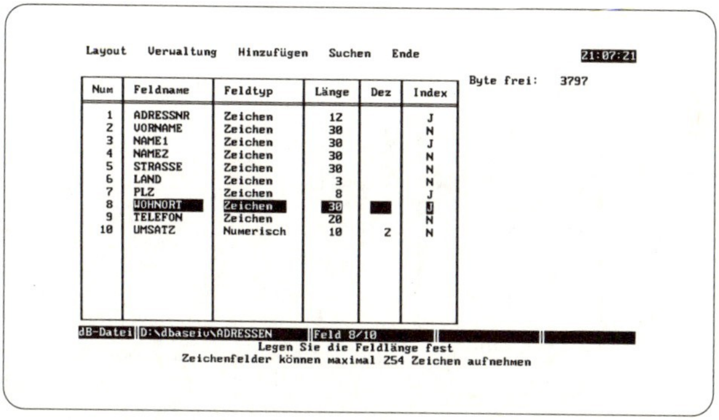

Abb. 3.1: Die Felder der Adreßdatei

Zweite Datei

Betätigen Sie die <Return>-Taste. Damit haben Sie die Definition abgespeichert, und die Datei ist fertig, so daß Sie jetzt Adressen eingeben könnten.

Für die weitere Arbeit im Buch benötigen wir aber noch eine zweite Datei. Diese Datei wird mit der Adreßdatei verknüpft. Sie speichert zu jeder Adresse beliebig viele Kontakte, Termine und Fristen. Die Verknüpfung geschieht über die Adreßnummer. Lassen Sie uns noch schnell diese zweite Datei anlegen.

Termindatei anlegen

Wählen Sie wieder in der "dB-Dateien"-Spalte die Option "neu". Da Sie ja jetzt schon wissen, wie die Definition der Felder funktioniert, zeigen wir Ihnen nur eine Abbildung mit den verschiedenen Feldern (Abb. 3.2). Definieren Sie die Datei bitte genau so wie in der Abbildung gezeigt.

Nachdem Sie dies getan haben, betätigen Sie die Tastenkombination <Ctrl><End>. Dies ist eine andere und schnellere Methode, die Definition zu beenden. Als Dateinamen geben Sie ein:

```
Termine     <Return>
```

Daraufhin speichert dBASE IV die Datei ab und fragt:

```
Möchten Sie jetzt Daten eingeben? (J/N)
```

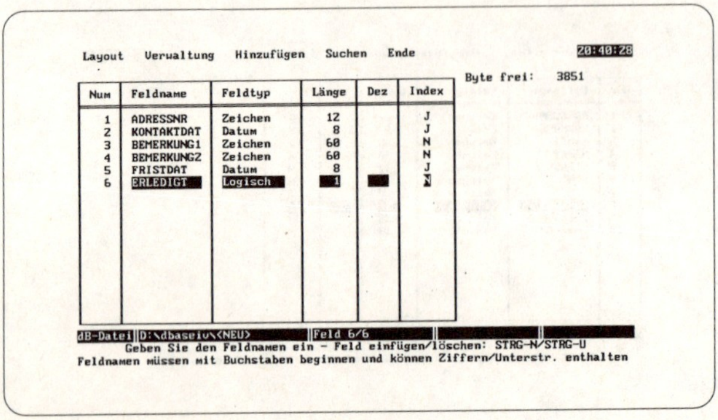

Num	Feldname	Feldtyp	Länge	Dez	Index
1	ADRESSNR	Zeichen	12		J
2	KONTAKTDAT	Datum	8		J
3	BEMERKUNG1	Zeichen	60		N
4	BEMERKUNG2	Zeichen	60		N
5	FRISTDAT	Datum	8		J
6	ERLEDIGT	Logisch	1		N

Abb. 3.2: Die Felder der Termindatei

Damit haben Sie die Möglichkeit, jetzt sofort Datensätze einzugeben. (Wieder eine Abkürzung, die Ihnen den Umweg über das Regiezentrum erspart!) Antworten Sie aber bitte mit "N", da wir noch die Dateistruktur schnell ausdrucken wollen.

Dateistruktur drucken

1. Betätigen Sie in der "dB-Dateien"-Spalte die Option "Termine" mit der <Return>-Taste.

2. Wählen Sie "Ändern".

3. Im "Layout"-Menü finden Sie die Option "Drucken des Datensatzformats". Betätigen Sie die <Return>-Taste.

4. Wählen Sie einfach "Start".

Damit wird die Struktur auch schon ausgedruckt, wenn Ihr Drucker angeschlossen und betriebsbereit ist.

Verlassen Sie jetzt diesen Programmteil, indem Sie die Tastenkombination <Ctrl><End> betätigen. Daraufhin speichert das Programm die Dateistruktur ab, richtet die Datei ein und führt Sie in das Regiezentrum zurück.

Damit haben Sie in diesem Schritt zwei Dateien erstellt, die sich miteinander verknüpfen lassen. Im nächsten Schritt zeigen wir Ihnen noch kurz, wie Sie diesen Dateiaufbau nachträglich wieder ändern können (natürlich ohne daß Ihnen Daten verlorengehen), bevor wir mit der eigentlichen Arbeit, dem Eingeben und Auswerten der Adressen und Termine, beginnen.

Zusammenfassung

Schritt 4:
Struktur ändern

Inhalt

In jedem modernen Datenbanksystem können Sie die Struktur einer Datei nachträglich ändern, ohne daß Ihre Daten verlorengehen. Letzteres ist aber an Bedingungen geknüpft, die wir in diesem Schritt erläutern werden. Trotzdem ist das Ändern der Dateistruktur sehr einfach, da dBASE IV sich um die meisten Dinge automatisch kümmert.

Felder ändern

Fangen wir gleich mit dem kritischsten Fall an, wenn Sie bestehende Felder ändern wollen. Da jedes Feld vier Definitionskriterien besitzt (Name, Typ, Länge und Index), haben Sie auch vier Änderungsmöglichkeiten. Drei davon sind kritisch für Ihre Datenbestände und können Datenverluste nach sich ziehen:

Namen ändern

Die Änderung eines Feldnamens zieht immer den Verlust der Daten in diesem Feld nach sich. Überlegen Sie daher genau, ob dies wirklich notwendig ist und ob Sie die Daten in diesem Feld noch benötigen. Dies gilt natürlich nur, wenn Sie bereits Daten eingetragen haben. Prinzipiell können Sie den Namen beliebig ändern, indem Sie den alten einfach überschreiben.

Typ ändern

Die Änderung des Typs zieht auch meistens Datenverluste nach sich. Wenn Sie zum Beispiel ein Zeichen-Feld in ein numerisches Feld ändern, gehen alle Feldinhalte, die nicht aus Zahlen bestehen, verloren. Nach Möglichkeit sollten Sie den Typ nicht ändern.

Länge ändern

Wenn Sie ein Feld verkürzen, werden die überhängenden Zeichen natürlich abgeschnitten und sind nach der Änderung verloren. Unkritisch ist die Verlängerung eines Feldes. Dabei gehen keine Daten verloren.

Index ändern

Für die Daten selbst ist die Änderung eines Indexes unkritisch. Es kann nur Auswirkungen auf die Sortierungs- und Suchmöglichkeiten haben.

Feld ändern   Konkret wollen wir jetzt einmal das Ändern eines Feldes üben. In der Adreßdatei soll das Feld "NAME1" auf 40 Zeichen verlängert werden. Dazu gehen Sie wie folgt vor:

1. Wählen Sie im Regiezentrum in der Spalte "dB-Dateien" den Eintrag "ADRESSEN", und betätigen Sie die <Return>-Taste.

2. Im daraufhin erscheinenden Fenster wählen Sie die Option "Ändern".

3. Das Menü, das jetzt erscheint, schalten Sie mit der <Esc>-Taste ab.

4. Jetzt können Sie die Felder ändern, löschen oder neue hinzufügen. Mit der Cursortaste <↓> setzen Sie den Cursor auf das Feld "NAME1". Betätigen Sie zweimal die <Return>-Taste, um in die Spalte für die Einstellung der Feldgröße zu gelangen.

5. Überschreiben Sie den alten Wert "30" einfach mit "40", und betätigen Sie zweimal die <Return>-Taste.

Damit haben Sie bereits ein Feld geändert. Als nächstes wollen wir ein Feld löschen.

Feld löschen

Das Feld für die Landeskennung ist nicht ganz so wichtig. Vielleicht wohnen Ihre Freunde, Kunden oder Mandanten ja alle in der Bundesrepublik. Deshalb löschen wir jetzt dieses Feld:

1. Setzen Sie den Cursor mit Hilfe der Cursortaste <↓> auf das Feld "LAND".

2. Betätigen Sie die Tastenkombination <Ctrl><U>.

Daraufhin verschwindet das Feld. Es ist damit gelöscht. Als nächstes wollen wir noch ein Feld hinzufügen. Natürlich sind nach dieser Änderung alle Landeskennzeichen in der Datei verschwunden. Sie verlieren also mit dieser Änderung Daten!

Feld hinzufügen

In der Adreßdatei fehlt uns noch ein Feld, in das wir unstrukturierte Notizen (Telefon- oder Gesprächsnotizen) eintragen können. Dieses Feld sollte möglichst groß sein und nur dann Platz beanspruchen, wenn etwas in das Feld eingetragen ist. Genau diesen Zweck erfüllt der Feldtyp "Memo". Ein Memofeld belegt nur 10 Zeichen, wenn es leer ist, und ansonsten nur soviel Zeichen mehr, wie Sie auch Text eingetragen haben. Um ein solches Feld hinzuzufügen, gehen Sie wie folgt vor:

Das Memofeld

1. Setzen Sie den Cursor mit Hilfe der Cursortaste <↓> unter das Feld "UMSATZ".

2. Hier tragen Sie jetzt einfach wie beim Neuerstellen einer Datei das Feld ein. Geben Sie zuerst den Namen des Feldes, z.B. "NOTIZEN" ein, und betätigen Sie die <Return>-Taste.

3. Den Feldtyp "Memo" wählen Sie, indem Sie fünfmal die Leertaste und anschließend die <Return>-Taste betätigen.

4. Die Länge setzt dBASE IV automatisch.

Damit haben Sie ein Feld hinzugefügt (s. Abb. 4.1). Betätigen Sie jetzt die Tastenkombination <Ctrl><End>, um die Änderungen abzuspeichern.

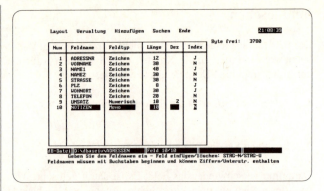

Abb. 4.1: Die geänderte Dateistruktur

Nach kurzer Zeit erscheint wieder das vertraute Bild des Regiezentrums. Die Strukturänderung ist damit durchgeführt.

Zusammenfassung

Somit wissen Sie jetzt alles Wesentliche zum nachträglichen Ändern einer Dateistruktur. Sie sehen, es geht recht einfach und schnell. Die Wartezeit nach dem Ändern hängt natürlich von der Menge der bereits eingegebenen Daten ab. Wenn Sie viele Daten eingegeben haben, kann dies schon mehrere Minuten dauern.

Im nächsten Schritt geht es endlich richtig los. Sie lernen, wie Sie Daten eingeben, suchen, ändern und wieder löschen können.

Schritt 5:
Bearbeiten

In diesem Schritt lernen Sie die einfachen Arbeiten mit einer Datei wie Eingeben, Suchen, Ändern und Löschen. Wir zeigen Ihnen die zwei prinzipiellen Arbeitsbildschirme (Edit und Browse) und wie Sie damit komfortabel und schnell umgehen können.

Inhalt

Daten eingeben

Zuerst wählen Sie im Regiezentrum die Datei, mit der Sie arbeiten wollen. Lassen Sie uns zuerst zwei Adressen eingeben. Wählen Sie daher in der "dB-Dateien"-Spalte die Option "ADRESSEN", und betätigen Sie die <Return>-Taste. In dem folgenden Fenster bestätigen Sie die Option "Datei öffnen" ebenfalls mit der <Return>-Taste.

Damit ist die Adreßdatei aktiviert. Solange dies der Fall ist, können Sie jederzeit mit der <F2>-Taste in den Bearbeitungsmodus wechseln. Betätigen Sie bitte die <F2>-Taste.

Daraufhin erscheint der sogenannte Edit-Bildschirm. Hier können Sie jetzt Datensätze eingeben. Tragen Sie bitte die erste Adresse wie in der Abb. 5.1 ein. Wenn Sie im letzten Feld die <Return>-Taste betätigen, wird der Datensatz abgespeichert und der Bildschirm wieder gelöscht. Die Tabelle 5.1 zeigt Ihnen, welche Tasten welche Funktion innerhalb dieses Edit-Bildschirms haben.

Edit-Bildschirm

Taste	Funktion
<Home>	setzt Cursor auf Anfang des Feldes
<End>	setzt Cursor auf Ende des Feldes
<Backspace>	löscht Zeichen vor Cursor
<Tab>	setzt Cursor auf nächstes Feld
<Shift><Tab>	setzt Cursor auf vorheriges Feld

Taste	Funktion
<Return>	setzt Cursor auf nächstes Feld
<Esc>	bricht ab, ohne zu speichern
<Ins>	schaltet zwischen Einfüge- und Überschreibmodus hin und her
<Ctrl><→>	setzt Cursor ein Wort weiter
<Ctrl><←>	setzt Cursor ein Wort zurück
<Ctrl><PgDn>	springt auf letzten Datensatz
<Ctrl><PgUp>	springt auf ersten Datensatz
<Ctrl><Home>	erlaubt Eingabe in Memofeld
<Ctrl><End>	beendet Eingabe in Memofeld oder beendet Eingabe, wenn sich der Cursor nicht in einem Memofeld befindet
<Ctrl><T>	löscht Wort rechts vom Cursor
<Ctrl><Y>	löscht bis Ende des Feldes

Tabelle 5.1: Die Tastenbelegung im Edit-Bildschirm

Anschließend geben Sie noch die Adresse aus der Abbildung 5.2 ein. Nachdem Sie auch dort im letzten Feld die <Return>-Taste betätigt haben, beenden Sie die Eingabe von Adressen mit der <Esc>-Taste. Sie befinden sich jetzt wieder im Regiezentrum.

Jetzt geben wir noch drei Termine ein. Dazu müssen wir die Datei wechseln. Setzen Sie daher den Cursor in die "dB-Dateien"-Spalte auf die Option "TERMINE", und betätigen Sie die <Return>-Taste.

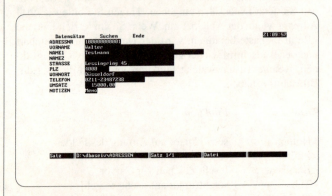

Abb. 5.1: Die erste Adresse

Wählen Sie wieder "Datei öffnen". Anschließend betätigen Sie die <F2>-Taste.

Wiederum erscheint der Edit-Bildschirm, in den Sie den ersten Termin gemäß der Abb. 5.3 eintragen.

Wie Sie sehen, wird jeder Termin über die Adreßnummer einer Adresse zugeordnet. Später werden wir noch sehen, wie Sie den Namen und die komplette Adresse zusammen mit dem Termin angezeigt bekommen.

Verknüpfung über Adreß-nummer

Nachdem Sie den ersten Termin eingegeben haben, wollen wir die Darstellungsform wechseln. Betätigen Sie die <F2>-Taste.

Abb. 5.2: Die zweite Adresse

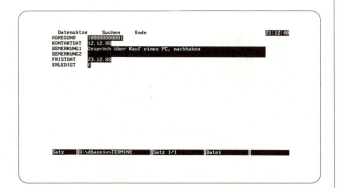

Abb. 5.3: Der erste Termin

Danach befinden Sie sich im Browse-Bildschirm. Hier werden die Datensätze in Tabellenform angezeigt.

Vorteil dieser Darstellungsart ist, daß mehrere Datensätze auf einmal auf dem Bildschirm sichtbar sind.

Nachteil ist, daß man nicht alle Felder eines Datensatzes sehen kann.

Im Prinzip stehen Ihnen im Browse-Bildschirm die gleichen Tastenfunktionen zur Verfügung wie im Edit-Bildschirm.

Taste	Funktion
<Home>	setzt Cursor auf erstes Feld
<End>	setzt Cursor auf letztes Feld

Tabelle 5.2: Tasten, die im Browse-Bildschirm eine andere Funktion haben als im Edit-Bildschirm

Bewegen Sie den Cursor jetzt mit der <↓>-Taste nach unten. So fort erscheint die Abfrage:

```
Neue Datei hinzufügen? (J/N)
```

Wenn Sie neue Datensätze eingeben wollen, antworten Sie mit

```
J
```

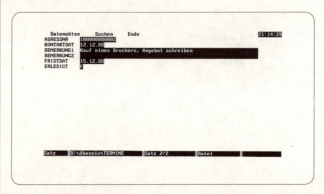

Abb 5.4: Der zweite Termin

Abb. 5.5: Der dritte Termin

Wechseln Sie wieder mit der <F2>-Taste den Darstellungsmodus, und tragen Sie dann die beiden nächsten Termine wie in Abb. 5.4 und 5.5 ein. Damit haben wir die Datenbasis geschaffen, mit der wir im Rest des Buchs arbeiten können.

Daten suchen

Wechseln Sie jetzt wieder mit der <F2>-Taste in den Browse-Modus, da hier die Übersicht besser ist. Von guten Suchfunktionen lebt eine Datenbanksoftware, und dBASE IV bietet hier eine ganze Menge.

Das Suchen von Terminen gestaltet sich über das Menü recht einfach. Prinzipiell muß man unterscheiden, ob man über ein Indexfeld sucht oder nicht. Vorteil der Suche über ein Indexfeld ist, daß es sehr schnell geht. Leider kann man es sich aber aus Platz- und Zeitgründen eigentlich niemals leisten, alle Felder zu Indexfeldern zu machen. Doch beginnen wir mit der Suche über ein Indexfeld, für die wir zuerst das Sortierfeld festlegen müssen.

Schnelle Suche

Sortierung festlegen

Sie haben bei jeder Datei die Möglichkeit, zu bestimmen, nach welchem Feld die Datei normalerweise sortiert werden soll. Bei unserer Termindatei bietet sich das Feld mit dem Fristdatum an.

Dadurch werden die dringendsten Termine immer automatisch als erste angezeigt. Um dies einzustellen, gehen Sie wie folgt vor:

1. Mit der <Esc>-Taste gehen Sie bitte zurück in das Regiezentrum.

2. Die Tastenkombination <Shift><F2> bringt Sie in den Gestaltungs-Bildschirm, in dem Sie das Sortierfeld einstellen können.

3. Daraufhin wird ein Menü eingeblendet. Setzen Sie den Cursor auf "Datensätze nach zu wählendem Index ordnen", und betätigen Sie die <Return>-Taste.

4. Wählen Sie in dem jetzt eingeblendeten Menü das Feld "FRISTDAT", das ja unsere Fristdaten enthalten wird. Betätigen Sie die <Return>-Taste.

Das war es auch schon. Damit wird die Ausgabe jetzt immer nach dem Fristdatum sortiert. Natürlich hindert Sie dies nicht daran, einzelne Listen auch anders zu sortieren. Aber die Voreinstellung steht jetzt auf dem Fristdatumsfeld.

Verlassen Sie jetzt diesen Programmteil mit der Tastenkombination <Ctrl><End>, und betätigen Sie anschließend die <F2>-Taste, um den Browse-Modus wieder aufzurufen.

Suchen über Index

Jetzt können wir über das eingestellte Sortierfeld suchen. Zur Suche über ein Indexfeld, wie z.B. das Fristdatum, gehen Sie wie folgt vor:

1. Aktivieren Sie das Menü mit der <F10>-Taste.

2. Wählen Sie die Option "Suchen" und dort den Menüpunkt "Per Index suchen". Betätigen Sie die <Return>-Taste.

3. Geben Sie ein Datum, z.B.

        14.12.88

   ein. Betätigen Sie die <Return>-Taste.

4. dBASE IV findet den ersten Termin mit diesem Fristdatum und setzt den Cursor in die Zeile mit diesem Termin. Wenn Sie jetzt ein anderes Datum suchen wollen, betätigen Sie noch einmal die <F10>-Taste.

5. Der Cursor steht sofort wieder auf der Suchoption. Sie brauchen nur die <Return>-Taste zu betätigen und ein anderes Datum einzugeben. Danach beginnt dBASE IV sofort wieder mit der Suche.

Diese Suche über ein Indexfeld ist auch bei vielen tausend Terminen noch sehr schnell. Anders sieht es bei der Suche über Felder aus, die keine Indexfelder sind.

Suche allgemein

Bei der Suche nach dem Inhalt eines normalen Feldes gehen Sie wie folgt vor:

1. Setzen Sie den Cursor in die Spalte, in der Sie suchen wollen (z.B. Bemerkung1). Betätigen Sie die <F10>-Taste.

2. Wählen Sie die Option "Vorwärts suchen" oder "Rückwärts suchen". Erstere sucht vorwärts ab Cursor, letztere rückwärts.

3. Geben Sie den Suchbegriff ein, z.B.:

```
Kauf*
```

Bei diesem Suchbegriff haben wir einen Joker (das Sternchen) verwendet. Es bedeutet, daß ab dem Sternchen nicht mehr weiter verglichen wird. dBASE IV findet somit alle Datensätze, die in diesem Feld mit dem Wortteil "Kauf" beginnen.

Joker

Betätigen Sie jetzt die <Return>-Taste. Kurze Zeit später befindet sich der Cursor in der Zeile mit dem gefundenen Datensatz.

Natürlich macht sich bei nur drei Datensätzen noch kein Zeitunterschied zwischen den beiden Verfahren bemerkbar. Doch das Suchen ohne Index kann sich schon über mehrere Sekunden bis zu Minuten hinziehen.

Daten ändern

Ändern ist eigentlich überhaupt kein Problem. Sie brauchen den Cursor nur auf das zu ändernde Feld zu setzen und den alten Inhalt zu überschreiben. Dies funktioniert sowohl im Browse- als auch im Edit-Bildschirm. Zum Ändern einzelner Datensätze eignet sich der Edit-Bildschirm besser, weil er alle Felder anzeigt. Mit der <F2>-Taste können Sie jederzeit zwischen Browse- und Edit-Bildschirm hin- und herschalten.

Daten löschen

Löschen in zwei Schritten

Das Löschen von Datensätzen geschieht in zwei Schritten. Zuerst werden die zu löschenden Datensätze markiert, sie sind aber nicht tatsächlich gelöscht. Daher können diese Datensätze auch zurückgeholt werden, wenn Sie mal einen aus Versehen gelöscht haben. Der zweite Schritt, das sogenannte Packen, entfernt die markierten Datensätze physikalisch aus der Datei. Danach sind sie wirklich weg und auch nicht wieder zurückzuholen.

Datensätze zum Löschen markieren

Aktivieren Sie den Browse-Bildschirm (<F2>). Um einen Datensatz zu löschen, gehen Sie wie folgt vor:

1. Setzen Sie den Cursor auf den zu löschenden Datensatz.

2. Rufen Sie das Menü mit der <F10>-Taste auf.

3. Wählen Sie unter "Datensätze" die Option "Löschmarken setzen". Betätigen Sie die <Return>-Taste. Daraufhin erscheint in der Informationszeile rechts die Kennung "Del". Dies zeigt an, daß dieser Datensatz zum Löschen markiert ist.

Statt umständlich über das Menü einen Datensatz zu löschen, können Sie den gleichen Effekt auch mit der Tastenkombination <Ctrl><U> erreichen.

Zum Löschen weiterer Datensätze gehen Sie genauso vor. Jetzt wollen wir die Markierung wieder rückgängig machen.

Löschen rückgängig machen

1. Setzen Sie den Cursor auf einen als gelöscht markierten Datensatz.
2. Rufen Sie das Menü mit der <F10>-Taste auf.
3. Wählen Sie unter "Datensätze" die Option "Löschmarken aufheben". Betätigen Sie die <Return>-Taste. Daraufhin verschwindet in der Informationszeile rechts die Kennung "Del". Dies zeigt an, daß dieser Datensatz wieder ganz normal zur Verfügung steht.

Statt das Löschen umständlich über das Menü wieder rückgängig zu machen, können Sie den gleichen Effekt auch mit der Tastenkombination <Ctrl><U> erreichen.

Endgültig löschen

Zum endgültigen Löschen müssen Sie den Browse-Bildschirm verlassen. Betätigen Sie dazu die Tastenkombination <Ctrl><End>. Da das physikalische Entfernen der Datensätze die Datei ändert, müssen auch die Indizes neu aufgebaut werden. Diese etwas größere Operation geschieht vom Gestaltungs-Bildschirm aus, mit dem Sie auch die Struktur der Datei ändern können.

Gehen Sie vom Regiezentrum aus wie folgt vor:

1. Betätigen Sie die Tastenkombination <Shift><F2>. Damit gelangen Sie in den Gestaltungs-Bildschirm, der Ihnen schon vom Erstellen einer Datei her bekannt ist.
2. Wählen Sie in dem Menü, das Sie jetzt auf dem Bildschirm sehen, die Option "Markierte Datensätze löschen". Betätigen Sie die <Return>-Taste.
3. Die Sicherheitsabfrage beantworten Sie, indem Sie den Cursor auf "Ja" setzen und die <Return>-Taste drücken. Daraufhin werden alle markierten Datensätze gelöscht

und die Indizes neu aufgebaut. Dies geschieht intern durch den "Pack"-Befehl.

4. Verlassen Sie jetzt diesen Programmteil, indem Sie mit der <F10>-Taste das Menü aufrufen, "Ende" anwählen und zweimal die <Return>-Taste betätigen.

Damit haben Sie die markierten Datensätze endgültig gelöscht.

Zusammenfassung

Sie wissen jetzt, wie Sie Datensätze eingeben, suchen, ändern und wieder löschen können. Im nächsten Schritt wenden wir uns den Queries zu, die einfache und komplexe Suchoptionen bieten. Fangen wir mit einem einfachen Beispiel im nächsten Schritt an.

Schritt 6:
Die Abfrage

Eine Datenbank ist erst dann sinnvoll, wenn man die eingegebenen Daten auch wieder einfach, schnell und effektiv herausbekommt. Deshalb werden wir uns in den nächsten acht Schritten damit beschäftigen, wie Sie Daten suchen und ausdrucken können. dBASE IV stellt dazu die sogenannten "Queries by example" als komfortable Abfragemöglichkeit zur Verfügung.

Inhalt

Eine Abfrage müssen Sie sich dabei wie einen Filter vorstellen. Sie bestimmen, welche Datensätze durch den Filter durchgelassen werden, indem Sie Abfragebedingungen, wie zum Beispiel alle Adressen aus Düsseldorf, formulieren. Eine Abfrage bestimmt noch in keinster Weise, wie diese Daten dann dargestellt werden. Dafür sind die Berichte zuständig.

Was ist eine Abfrage?

Wenn Sie eine Abfrage aktiviert haben, verhält sich dBASE IV bei der Arbeit mit einer Datei so, als ob nur die durch diesen Filter passenden Datensätze überhaupt vorhanden sind. Sie können dann diese Datensätze ganz normal bearbeiten.

Beginnen wir mit einer einfachen Abfrage, damit Sie sich auf die prinzipielle Funktionsweise einer Abfrage einstellen können. Wir wollen aus unserer Adreßdatei alle Adressen aus dem Postleitzahlgebiet 4 heraussuchen.

Abfrage erstellen

1. Aktivieren Sie die Adreßdatei, indem Sie in der "dB-Dateien"-Spalte die Option "ADRESSEN" anwählen. In dem daraufhin erscheinenden Fenster wählen Sie die Option "Datei öffnen".

2. Setzen Sie den Cursor in die "Abfragen"-Spalte, und wählen Sie "create". Betätigen Sie die <Return>-Taste. Daraufhin erscheint ein Bildschirm wie in der Abb. 6.1.

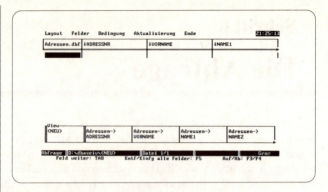

Abb 6.1: Der Abfrage-Bildschirm

3. Mit der <Tab>-Taste können Sie den Cursor in das nächste Feld setzen. Springen Sie in das PLZ-Feld.

4. Geben Sie dort folgende Formel ein:

   LIKE "4*"

Diese Formel besteht aus einem Operator (LIKE) und dem Suchbegriff ("4*"). Der Suchbegriff muß von Anführungszeichen eingeschlossen sein, da es sich bei dem PLZ-Feld um ein Feld vom Typ Zeichen handelt.

Das Sternchen ist der gleiche Joker, den Sie schon vom Suchen her kennen (siehe Schritt 5). In der Tabelle 6.1 sehen Sie, welche Operatoren erlaubt sind und welche Funktion diese haben. Betätigen Sie jetzt die <Return>-Taste. Daraufhin wird überprüft, ob die eingegebene Formel syntaktisch richtig ist.

Operator	Funktion
>	größer als
<	kleiner als
=	gleich
<>	ungleich
#	ungleich
>=	größer oder gleich
<=	kleiner oder gleich
$	beinhaltet

Operator	Funktion
LIKE	gleich für Character-Felder
SOUNDS LIKE	klingt wie (phonetischer Vergleich)

Tab. 6.1: Die Operatoren für Queries

5. Betätigen Sie die <F2>-Taste. Daraufhin werden Ihnen alle Daten, die durch den eingegebenen Filter passen, angezeigt (entweder im Browse- oder im Edit-Bildschirm). Da beide Adressen, die wir in der Datei haben, aus dem Postleitzahlgebiet 4 sind, hat sich gegenüber dem normalen Bildschirm noch nichts geändert. Deshalb ändern wir die Abfragebedingung jetzt einmal so, daß nur noch eine übrigbleibt.

6. Verlassen Sie den Browse- oder Edit-Bildschirm, indem Sie mit der <F10>-Taste das Menü aktivieren, "Ende" und anschließend die Option "Abfrage aufrufen" anwählen.

7. Jetzt ändern wir die Formel im PLZ-Feld auf folgende Abfrage:

    ```
    LIKE "400*"
    ```

8. Damit bleibt nur noch der Düsseldorfer übrig, was Sie durch Betätigen der <F2>-Taste überprüfen können.

Daten sortiert abfragen

Oft ist es sinnvoll, bei einer Abfrage auch gleich eine Sortierung vorzunehmen. Die Post freut sich, wenn Sie bei Ihrem Serienbrief nicht nur das PLZ-Gebiet 4 selektieren, sondern die Briefe auch noch nach Postleitzahl sortiert abgeben.

Geld sparen durch Massendrucksache

Von der Freude abgesehen, spart es ab einer bestimmten Menge auch Geld (Massendrucksache). Deshalb wollen wir unser obiges Beispiel noch um die Option der Sortierung ergänzen.

1. Verlassen Sie den Browse- oder Edit-Bildschirm wieder mit <F10>, "Ende" und "Abfrage aufrufen".

2. Bringen Sie die Formel im PLZ-Feld wieder in den ursprünglichen Zustand (LIKE "4*"). Dies ist notwendig, damit wir überhaupt nachher zwei Adressen zum Sortieren ausgegeben bekommen.

3. Der Cursor sollte im PLZ-Feld stehen. Betätigen Sie die <F10>-Taste, um das Menü aufzurufen.

4. Wählen Sie das Menü "Felder" und darin die Option "Sortieren nach diesem Feld". In dem daraufhin erscheinenden Fenster wählen Sie "Steigend ASCII".

5. Jetzt steht neben der Abfragebedingung in dem PLZ-Feld noch die Kennzeichnung "Asc1". Dies bedeutet, daß nach dem PLZ-Feld aufsteigend sortiert wird.

Abfrage speichern

1. Als nächstes sollten wir unsere Abfrage speichern. Dazu aktivieren Sie wieder mit <F10> das Menü, wählen "Ende" und anschließend "Speichern und beenden".

2. Als Namen geben Sie ein:

    `PLZ4`

Daraufhin wird die Abfrage abgespeichert. dBASE IV kehrt in das Regiezentrum zurück und zeigt den eingegebenen Namen in der "Abfragen"-Spalte an.

Abfrage aufrufen

Abfrage auf Knopfdruck

Ein so abgespeicherte Abfrage kann jederzeit wieder aufgerufen und aktiviert werden. Er läßt sich auch nachträglich immer wieder ändern. Standardabfragen brauchen so nur einmal erstellt zu werden und stehen immer wieder auf Knopfdruck bereit. Um unseren gerade erstellten Abfrage aufzurufen, brauchen Sie lediglich in der "Abfrage"-Spalte die Option "PLZ4" anzuwählen. Daraufhin (wenn keine Abfrage aktiv ist) erscheint ein Fenster mit drei Optionen.

Mit "Sicht öffnen" aktivieren Sie die Abfrage lediglich, und dBASE IV verbleibt im Regiezentrum. So können Sie anschließend unter Benutzung der Abfragen beispielsweise eine Liste drucken.

Mit "Ändern" können Sie die Abfrage verändern.

Mit "Anzeigen" aktivieren Sie die Abfrage und gelangen sofort in den Browse- oder Edit-Bildschirm, um Daten verändern zu können.

Wählen Sie "Anzeigen". Daraufhin erscheinen Ihre zwei Adressen nach Postleitzahlen sortiert.

Eine Abfrage wird wieder abgeschaltet, indem Sie entweder eine andere Abfrage aufrufen oder eine Datei in der "dB-Dateien"-Spalte aktivieren.

Damit haben Sie Ihren erste Abfrage erfolgreich erstellt und gespeichert. Das System sollten Sie jetzt verstanden haben. Im nächsten Schritt erstellen wir eine etwas komplexere Abfrage mit kombinierten Suchbedingungen.

Zusammenfassung

Schritt 7:
Kombinierte Suche

Jetzt wird es etwas komplizierter. Bisher haben wir immer nur nach einer Bedingung gesucht (Postleitzahlgebiet 4). In diesem Schritt erläutern wir, wie Sie Bedingungen verknüpfen können.

Inhalt

Prinzipiell ist dies ganz einfach. Sie schreiben eine zweite Bedingung einfach in ein anderes Feld. Dabei sind aber zwei Fälle zu unterscheiden:

Steht die zweite Bedingung in der gleichen Reihe wie die erste, müssen beide Bedingungen erfüllt sein, damit der Datensatz durch den Filter hindurchkommt (UND-Verknüpfung). Stehen die Bedingungen in verschiedenen Reihen, reicht es, wenn eine der Bedingungen erfüllt ist (ODER-Verknüpfung).

UND- und ODER-Verknüpfung

Wenn Sie innerhalb eines Feldes zwei Bedingungen verknüpfen wollen, trennen Sie die beiden Abfragen einfach mit einem Komma.

Suchbedingungen definieren

Am Beispiel unserer Adreßdatei wollen wir dies jetzt üben. Alle Kunden, die mehr als 10000 DM, aber weniger als 20000 DM Umsatz haben, sollen herausgesucht werden.

1. Aktivieren Sie die Adreßdatei, indem Sie in der "dB-Dateien"-Spalte die Option "ADRESSEN" anwählen. In dem daraufhin erscheinenden Fenster wählen Sie die Option "Datei öffnen".

2. Setzen Sie den Cursor in die "Abfragen"-Spalte, und wählen Sie "neu". Betätigen Sie die <Return>-Taste.

3. Mit der <Tab>-Taste können Sie den Cursor in das nächste Feld setzen. Springen Sie in das UMSATZ-Feld.

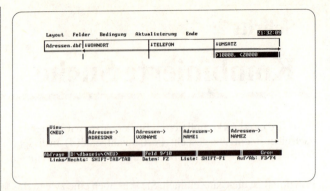

Abb. 7.1: Die eingegebenen Kriterien

UND-
Verknüpfung

4. Geben Sie dort folgende Formel ein (s. Abb. 7.1):

   >10000, <20000

5. Betätigen Sie die <F2>-Taste. Daraufhin werden Ihnen alle Daten, die durch den eingegebenen Filter passen, angezeigt (entweder im Browse- oder im Edit-Bildschirm).

6. Verlassen Sie den Browse- oder Edit-Bildschirm, indem Sie mit der <F10>-Taste das Menü aktivieren, "Ende" und anschließend die Option "Abfrage aufrufen" anwählen.

7. Damit die Kunden auch nach dem Umsatz sortiert sind, setzen Sie den Cursor in das UMSATZ-Feld, betätigen die <F10>-Taste, wählen im Menü "Felder" die Option "Sortieren nach diesem Feld". Wenn Sie jetzt "Steigend ASCII" wählen, werden die Kunden mit dem niedrigsten Umsatz zuerst, wenn Sie "Absteigend ASCII" wählen, werden die mit dem meisten Umsatz zuerst angezeigt.

8. Als nächstes sollten wir unsere Abfrage speichern. Dazu aktivieren Sie wieder mit <F10> das Menü, wählen "Ende" und anschließend "Speichern und beenden".

9. Als Namen geben Sie ein:

   UMS10-20

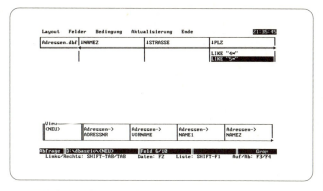

Abb. 7.2: Die ODER-Verknüpfung

Daraufhin wird die Abfrage abgespeichert. dBASE IV kehrt in das Regiezentrum zurück und zeigt den eingegebenen Namen in der "Abfragen"-Spalte an.

Die ODER-Verknüpfung

Ein kurzes Beispiel soll noch die ODER-Verknüpfung erläutern. Nehmen wir an, Sie möchten alle Adressen aus den PLZ-Gebieten 4 und 5 heraussuchen, anders formuliert: alle Adressen, deren Postleitzahl mit 4 oder 5 beginnt.

1. Wählen Sie in der "Abfragen"-Spalte die Option "neu".

2. Geben Sie die Abfragebedingungen wie in der Abb. 7.2 ein.

3. Führen Sie die Abfrage mit der <F2>-Taste durch.

Sie sehen schon, diese Abfragen lassen sich sehr schnell eingeben und ausführen. Im nächsten Schritt lernen Sie, wie Sie Funktionen in eine Abfrage einbinden, welche Hilfsmittel dBASE IV Ihnen noch zur Verfügung stellt und wie Sie die Bedingungsbox für komplexe Abfragen einsetzen können.

Zusammenfassung

Schritt 8:
Funktionen

Inhalt

Ziel diese Schritts ist es, eine Abfrage zu erstellen, die automatisch alle Termine anzeigt, die bis heute oder morgen erledigt werden müssen. Und natürlich sollen nur die Termine angezeigt werden, die noch nicht erledigt sind.

Dabei gehen wir in zwei Stufen vor. Zuerst zeigen wir Ihnen, wie Sie überhaupt eine Funktion in eine Abfrage einbinden. Dabei benutzen wir eine Funktion, die eine Zeichenkette in das Datumsformat umwandelt.

Abfrage mit Funktionen erstellen

1. Aktivieren Sie die Adreßdatei, indem Sie in der "dB-Dateien"-Spalte die Option "TERMINE" anwählen. In dem daraufhin erscheinenden Fenster wählen Sie die Option "Datei öffnen".

2. Setzen Sie den Cursor in die "Abfragen"-Spalte, und wählen Sie "neu". Betätigen Sie die <Return>-Taste.

3. Mit der <Tab>-Taste können Sie den Cursor in das nächste Feld setzen. Springen Sie in das FRISTDAT-Feld.

4. Jetzt betätigen Sie bitte die Tastenkombination <Shift> <F1>. In dem daraufhin erscheinenden Fenster (s. Abb. 8.1) sehen Sie eine Liste aller Feldnamen, aller Operatoren und Funktionen.

Sie können mit Hilfe dieser Listen eine Option wählen und durch Betätigen der <Return>-Taste in die Abfrage übernehmen. Dieses Fenster ist eine sehr nützliche Hilfe, da Sie sich die Namen der Felder, Operatoren und Funktionen nicht mehr merken müssen.

43

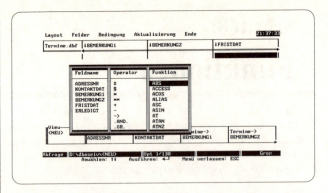

Abb. 8.1: Die Auswahl von Feldern, Operatoren und Funktionen

5. Setzen Sie den Cursor in die Spalte "Operator", und betätigen Sie solange die Cursortaste <↓>, bis der Operator "=<" erscheint. Betätigen Sie die <Return>-Taste.

6. Rufen Sie die Hilfefunktion wieder mit <Shift><F1> auf. Setzen Sie den Cursor in die Spalte "Funktion". Suchen Sie die Funktion "CTOD", und betätigen Sie die <Return>-Taste, wenn der Cursor auf dieser Funktion steht.

Betätigen Sie die Taste <c>, um schneller zu blättern.

7. In die Klammer, die jetzt hinter der CTOD-Funktion steht, muß noch das gewünschte Datum eingetragen werden. Geben Sie ein:

    "20.12.88"

Achten Sie darauf, daß Sie die Anführungszeichen mit eingeben müssen. Ihr Bildschirm sollte jetzt wie in der Abb. 8.2 aussehen.

Diese Abfrage bewirkt, daß alle Fristen, die am oder vor dem 20.12.88 erledigt werden müssen, angezeigt werden.

Betätigen Sie jetzt die <F2>-Taste, um sich von der Funktion dieser Abfrage zu überzeugen.

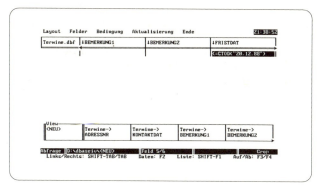

Abb. 8.2: Die fertige Abfrage

Tagesdatum automatisch einsetzen

Doch es ist natürlich etwas umständlich, jeden Tag das Datum hier wieder von Hand ändern zu müssen. Zum Glück stellt dBASE IV eine Funktion bereit, die das aktuelle Tagesdatum automatisch ermittelt. Daher werden wir die CTOD-Funktion durch die DATE-Funktion ersetzen, die dies erledigt.

1. Verlassen Sie den Browse- oder Edit-Bildschirm, indem Sie mit der <F10>-Taste das Menü aktivieren, "Ende" und anschließend die Option "Abfrage aufrufen" anwählen.

2. Löschen Sie in dem FRISTDAT-Feld den Teil

    CTOD("20.12.88")

3. Der Cursor steht jetzt hinter "=<". Betätigen Sie die Tastenkombination <Shift><F1>. Wählen Sie in der "Funktion"-Spalte die Funktion "DATE", und betätigen Sie die <Return>-Taste.

4. Geben Sie in die Abfrage hinter "DATE()" ein:

    +1

Dies bewirkt, daß auch noch die Fristen für den nächsten Tag angezeigt werden (s. Abb. 8.3).

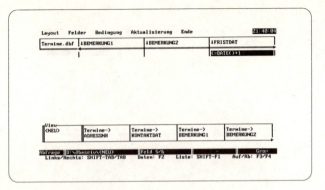

Abb. 8.3: Das Datum wird automatisch gesetzt

Nur erledigte Termine anzeigen

Im Feld "ERLEDIGT" vermerken wir durch Eingabe von "J" immer, wenn ein Termin oder eine Frist erledigt ist. Dies können wir natürlich auch noch abfragen, damit auch nur die Termine angezeigt werden, die noch nicht erledigt sind. Dazu gehen Sie wie folgt vor:

1. Wählen Sie mit der <Tab>-Taste das Feld "ERLEDIGT" an.

2. Geben Sie ein:

    =.F.

Da es sich bei diesem Feld um ein logisches Feld handelt, müssen wir das von dBASE IV vorgesehene Zeichen für falsch (.F.) abfragen.

Es spielt nachher keine Rolle, ob Sie <T>, <j> oder <J> eingeben, wenn ein Termin erledigt ist. dBASE IV erkennt dies automatisch bei logischen Feldern.

Diese Abfrage bewirkt, daß nur die Termine ausgegeben werden, die logisch falsch sind. dBASE IV setzt dies automatisch beim Neuerfassen von Terminen ein, wenn Sie nicht explizit wahr, also <T> oder <J> eingeben.

Sortieren

Die Termine sollten sinnvollerweise sortiert angezeigt werden. Der dringendste, d.h. erste Termin sollte auch als erstes erscheinen. Deshalb müssen wir das Feld "FRISTDAT" als Sortierfeld bestimmen. Dazu gehen Sie folgendermaßen vor:

1. Setzen Sie den Cursor mit Hilfe der <Tab>-Taste in das Feld "FRISTDAT".

2. Aktivieren Sie das Menü mit Hilfe der <F10>-Taste.

3. Wählen Sie im Menü "Felder" die Option "Sortieren nach diesem Feld". Betätigen Sie die <Return>-Taste.

4. Die Option "Steigend ASCII" bestätigen Sie durch Drücken der <Return>-Taste.

Aufsteigend sortieren

Daraufhin erscheint in dem "FRISTDAT"-Feld die Anzeige "Asc1". Dies bedeutet, daß die Daten nach diesem Feld aufsteigend sortiert werden.

Abfrage speichern

Als nächstes sollten wir unsere Abfrage speichern. Dazu aktivieren Sie wieder mit <F10> das Menü, wählen "Ende" und anschließend "Speichern und beenden".

Als Namen geben Sie ein:

```
FRISTEN
```

Daraufhin wird die Abfrage abgespeichert. dBASE IV kehrt in das Regiezentrum zurück und zeigt den eingegebenen Namen in der "Abfragen"-Spalte an.

Abfrage aufrufen

Die Abfrage können Sie jetzt jederzeit aufrufen, indem Sie in der "Abfragen"-Spalte die Option "FRISTEN" aufrufen. In dem daraufhin erscheinenden Fenster wählen Sie "Anzeigen".

Daraufhin erscheinen automatisch alle eingegebenen Termine, die bis zum aktuellen und folgenden Tag noch nicht erledigt worden sind.

Zusammen-fassung

Damit haben Sie jetzt einiges über Abfragen gelernt. Eng verbunden mit den Abfragen sind die Sichten. Der gravierende Unterschied ist, daß bei einer Sicht statt einer mehrere Dateien abgefragt und angezeigt werden können. Diese Dateien sind immer paarweise über ein Feld verknüpft. Dies können wir benutzen, damit bei unserer Fristenabfrage auch der Name und die Anschrift des Kunden angezeigt wird. Die Erstellung einer Sicht schauen wir uns im nächsten Schritt an.

Schritt 9:
Sicht erstellen

Inhalt

Unsere Abfrage wollen wir jetzt noch weiter verbessern. In diesem Schritt lernen Sie, wie Sie zwei Dateien miteinander verknüpfen. Diese Verknüpfung geschieht über ein gemeinsames Feld, in unserem Beispiel die Adreßnummer. Wir wollen folgendes erreichen:

Wenn ein Termin angezeigt wird, soll nicht nur wie bis jetzt die Nummer des Kunden, sondern seine vollständige Anschrift inklusive Telefonnummer und bisherigem Umsatz angezeigt werden. Somit stehen alle Informationen, die Sie für diesen Termin benötigen, sofort parat.

dBASE IV erledigt diese Aufgabe, indem es anhand der Adreßnummer, die ja bei jedem Termin steht, die zu dieser Nummer gehörende Adresse aus der ADRESSEN-Datei heraussucht und anschließend anzeigt. Das Instrument, das dBASE IV für solche Aufgaben bietet, ist die Sicht. Eine Sicht kann mehrere Dateien kombinieren und abfragen. Eine Sicht entspricht im Prinzip einer Abfrage und erweitert diesen um die Möglichkeit, mehrere Dateien zu verknüpfen.

Und genau diesen Weg wollen wir auch gehen. Wir werden unsere Abfrage "FRISTEN" um die Anzeige der Adreßdaten erweitern.

Abfrage zum Ändern aufrufen

1. Im Regiezentrum wählen Sie in der Spalte "Abfragen" die Option "FRISTEN". Betätigen Sie die <Return>-Taste.

2. Wählen Sie die Option "Ändern".

Daraufhin erscheint der bereits bekannte Bildschirm zum Ändern einer Abfrage.

Zweite Datei aktivieren

Jetzt teilen wir dieser Abfrage mit, welche zweite Datei ins Spiel kommt:

1. Betätigen Sie die <F10>-Taste, um das Menü aufzurufen.

2. Wählen Sie im "Layout"-Menü die Option "Hinzufügen einer Datei". Betätigen Sie die <Return>-Taste. Daraufhin erscheint ein Bildschirm wie in der Abb. 9.1.

3. Wählen Sie "ADRESSEN.DBF", und drücken Sie die <Return>-Taste.

Damit steht eine zweite Datei, unsere Adreßdatei, zur Verfügung. Jetzt bestimmen wir, welche Felder dieser Datei angezeigt werden sollen. Dazu gehen Sie wie folgt vor:

Felder hinzufügen

1. Setzen Sie den Cursor mit Hilfe der <Tab>-Taste auf das Feld "VORNAME".

2. Betätigen Sie die <F5>-Taste. Daraufhin erscheint ein Pfeil (↓) vor dem Namen des Feldes.

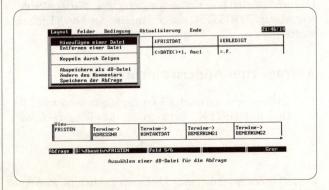

Abb. 9.1: Zweite Datei zur Abfrage hinzufügen

Damit ist das Feld zur Sicht hinzugefügt und wird später angezeigt. Führen Sie diese zwei Schritte (anwählen und mit <F5> übernehmen) auch noch für folgende Felder durch:

- NAME1
- NAME2
- STRASSE
- PLZ
- WOHNORT
- TELEFON
- UMSATZ

Jetzt haben wir alle Adreßfelder der Sicht hinzugefügt. Als nächstes müssen wir der Sicht noch mitteilen, über welche Felder sie die Dateien verknüpfen (linken) soll.

Dateien koppeln

1. Betätigen Sie die <F3>-Taste, um in die Termindatei zu wechseln.

2. Setzen Sie den Cursor mit Hilfe der <Tab>-Taste in das Feld "ADRESSNR".

3. Rufen Sie das Menü mit der <F10>-Taste auf. Wählen Sie im "Layout"-Menü die Option "Koppeln durch Zeigen".

4. Betätigen Sie die <Return>-Taste. Daraufhin erscheint in dem Feld "ADRESSNR" der Hinweis "LINK1".

5. Mit der <F4>-Taste wechseln Sie bitte in die Termindatei. Setzen Sie den Cursor hier ebenfalls in das Feld "ADRESSNR".

6. Betätigen Sie die <Return>-Taste. Dadurch erscheint auch in diesem Feld der Hinweis "LINK1" (s. Abb. 9.2).

Mit den Tasten <F3> und <F4> können Sie jederzeit zwischen den Dateien wechseln.

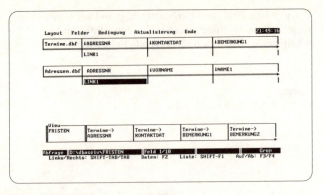

Abb. 9.2: Die Dateien sind verknüpft

Sicht abspeichern

Das war es auch schon. Die Sicht ist fertig. Wir wollen sie schnell abspeichern und anschließend testen:

1. Zum Abspeichern aktivieren Sie mit Hilfe der <F10>-Taste das Menü und wählen "Ende".

2. Setzen Sie den Cursor auf die Option "Speichern und beenden", und betätigen Sie die <Return>-Taste.

Damit haben wir aus unserer Abfrage eine Sicht gemacht. Jetzt wollen wir sie ausprobieren.

Sicht aufrufen

Zum Aufrufen setzen Sie den Cursor wie gewohnt in der "Abfragen"-Spalte auf die Option "FRISTEN" und betätigen die <Return>-Taste. Wählen Sie die Option "Anzeigen".

Daraufhin erscheint ein Bildschirm wie in der Abb. 9.3. Sie sehen, daß dBASE IV sich den ersten Termin aus der Termindatei und die dazu gehörende Adresse aus der Adreßdatei geholt hat. Mit der <F2>-Taste können Sie wie gewohnt zwischen Browse- und Edit-Bildschirm hin- und herschalten. Im Edit-Bildschirm blättern Sie mit den Tasten <PgUp> und <PgDn> durch die Termine, immer nach Dringlichkeit sortiert.

Abb. 9.3: Die Anzeige der Sicht mit Termin und kompletter Adresse

Die Sicht "FRISTEN" können Sie jetzt immer aufrufen, um auf dem Bildschirm zu sehen, welche Termine Sie noch heute und morgen erledigen müssen. Sie zeigt Ihnen auch direkt an, mit wem Sie den Termin haben, und was Sie machen müssen. Einzige Einschränkung ist, daß Sie bei dieser Darstellung nichts ändern können. Wenn Sie einen Termin als erledigt kennzeichnen wollen, müssen Sie die Termindatei direkt vom Regiezentrum aus aufrufen und ihn dort kennzeichnen.

Bis jetzt haben wir uns darum gekümmert, was dBASE IV Ihnen auf dem Bildschirm anzeigen soll. Wie dies geschieht, d.h. die äußere Form, haben wir bisher vernachlässigt. In den beiden nächsten Schritten zeigen wir Ihnen, welche Möglichkeiten dBASE IV anbietet, optisch ansprechende Bildschirme schnell zu gestalten.

Zusammenfassung

Schritt 10:
Eingabeformular

Inhalt

In diesem Schritt widmen wir uns der Gestaltung des Bildschirms. Die von dBASE IV automatisch erstellten Bildschirmmasken sind zwar brauchbar, aber nicht gerade hübsch. dBASE IV unterstützt Vorhaben dieser Art mit einem hervorragenden Maskengenerator.

Lassen Sie uns eine Bildschirmmaske für die Arbeit mit der Adreßdatei erstellen. Diese Maske wird dann immer verwendet, wenn Sie den Edit-Bildschirm aufrufen.

Standard Eingabe- formular

1. Aktivieren Sie die Adreßdatei, indem Sie in der "dB-Dateien"-Spalte die Option "ADRESSEN" anwählen. Bestätigen Sie die Option "Datei öffnen" in dem daraufhin erscheinenden Fenster mit der <Return>-Taste.

2. Setzen Sie den Cursor in die "Masken"-Spalte, wählen Sie "neu", und drücken Sie wiederum die <Return>-Taste. Daraufhin erscheint ein Bildschirm wie in der Abb. 10.1.

3. Bestätigen Sie die angebotene Option "Standardlayout" mit der <Return>-Taste.

Jetzt steht die Maske so auf dem Bildschirm, wie Sie sie schon vom Edit-Bildschirm her kennen. Damit haben Sie bereits eine voll funktionsfähige Maske erstellt. Ziel dieses Schritts ist eine Eingabemaske wie in der Abb. 10.2. Dafür gehen Sie wie folgt vor:

Feld verschieben

Jedes Eingabefeld ist invers durch mehrere "X", "9" oder durch das Wort "MEMO" gekennzeichnet. Zum Verschieben dieser Felder gibt es eine spezielle Option.

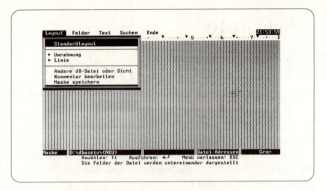

Abb. 10.1: Das Startbild des Maskengenerators

Wir wollen das Feld "WOHNORT" jetzt hinter das Feld "PLZ" verschieben.

1. Setzen Sie den Cursor auf das erste "X" des Eingabefeldes von "WOHNORT".

2. Betätigen Sie die <F6>-Taste, um den Select- bzw. Markierenmodus zu aktivieren.

3. Drücken Sie die <Return>-Taste, um die Selektion des Feldes abzuschließen.

4. Betätigen Sie die <F7>-Taste, um den Move- bzw. Verlagernmodus zu aktivieren.

5. Mit den Cursortasten können Sie jetzt das Feld beliebig auf dem Bildschirm hin- und herschieben. Setzen Sie es hinter das "PLZ"-Feld in Spalte 33, so daß das Wort "Wohnort" noch dazwischen paßt.

6. Geben Sie in der Spalte 23 ein:

```
Wohnort
```

Löschen Sie anschließend dieses Wort in der Reihe darunter.

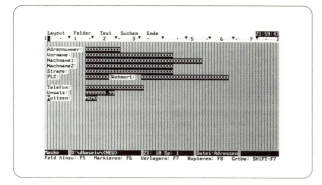

Abb. 10.2: Die fertige Eingabemaske

Feinarbeiten

Als nächstes ändern Sie alle Kommentare in Groß-/Kleinschrift um und schreiben die Abkürzungen aus (aus "ADRESSNR" wird zum Beispiel "Adreßnummer"). Wenn Eingabefelder durch die verlängerten Worte berührt werden, verschiebt dBASE IV diese Felder automatisch.

Abspeichern

Wenn alles fertig ist, speichern Sie die Maske, indem Sie das Menü mit der <F10>-Taste aufrufen und unter "Ende" die Option "Speichern und beenden" anwählen. Als Namen geben Sie ein:

```
ADR_EDIT
```

Dieser Name soll andeuten, daß es sich um ein Formular für die Adreßdatei zum Edit-Bildschirm handelt.

Maske benutzen

Sie brauchen jetzt vom Regiezentrum aus nur die <F2>-Taste zu betätigen, um Ihre neue Maske in Aktion zu sehen. Wenn Sie mit <F2> dann zum Browse-Bildschirm und wieder zurück umschalten, wird Ihre Maske auch wieder erscheinen. Der alte Edit-Bildschirm taucht nicht mehr auf. Auch wenn Sie in Zukunft nur die Adreßdatei über die "dB-Dateien"-Spalte aktivieren, wird diese Maske automatisch mit eingeschaltet.

Zusammenfassung

Damit wissen Sie jetzt, wie Sie schnell ein ansprechendes Bildschirmformular für eine Datei erstellen können. Daß dies auch für eine Sicht funktioniert, und wie Sie die Maske mit Rahmen und Linien noch besser gestalten können, erfahren Sie im nächsten Schritt.

Schritt 11:
Sicht-Maske

In diesem Schritt lernen Sie, daß Sie auch für eine Sicht eine Maske erstellen können. Außerdem gehen wir in der Gestaltung noch weiter, indem wir Rahmen und Linien zeichnen, sowie durch inverse Darstellung Worte hervorheben.

Inhalt

1. Aktivieren Sie die Sicht "FRISTEN", indem Sie in der "Abfragen"-Spalte die Option "FRISTEN" anwählen. Bestätigen Sie die Option "Sicht öffnen" in dem daraufhin erscheinenden Fenster mit der <Return>-Taste.

2. Setzen Sie den Cursor in die "Masken"-Spalte, wählen Sie "neu", und drücken Sie wiederum die <Return>-Taste.

3. Bestätigen Sie die angebotene Option "Standardlayout" mit der <Return>-Taste.

Jetzt steht die Maske so auf dem Bildschirm, wie Sie sie schon vom Edit-Bildschirm her kennen. Ziel dieses Schritts ist eine Eingabemaske wie in der Abb. 11.2. Dafür gehen Sie wie folgt vor:

Felder verschieben

In der gewünschten Darstellung soll das Feld mit dem Fristdatum oben als erstes stehen. Dies ist ja auch das wichtigste. Die Adreßnummer soll bei der Adresse stehen. Verschieben wir also zuerst einmal die Felder.

1. Fügen Sie zuerst eine Leerzeile ein, indem Sie die Tastenkombination <Ctrl><N> betätigen.

2. Setzen Sie den Cursor auf das erste "D" des Eingabefelds von "FRISTDAT".

3. Betätigen Sie die <F6>-Taste, um den Select- bzw. Markierenmodus zu aktivieren.

4. Drücken Sie die <Return>-Taste, um die Selektion des Feldes abzuschließen.

5. Betätigen Sie die <F7>-Taste, um den Move- bzw. Verlagernmodus zu aktivieren.

6. Mit den Cursortasten können Sie jetzt das Feld beliebig auf dem Bildschirm hin- und herschieben. Setzen Sie es in Spalte 17 der zweiten Zeile. Betätigen Sie die <Return>-Taste.

"ADRESS NR" verschieben

7. Setzen Sie den Cursor auf das erste "X" des Eingabefelds von "ADRESSNR".

8. Betätigen Sie die <F6>-Taste, um den Select- bzw. Markierenmodus zu aktivieren.

9. Drücken Sie die <Return>-Taste, um die Selektion des Feldes abzuschließen.

10. Betätigen Sie die <F7>-Taste, um den Move- bzw. Verlagernmodus zu aktivieren.

11. Mit den Cursortasten können Sie jetzt das Feld beliebig auf dem Bildschirm hin- und herschieben. Setzen Sie es in Spalte 17 der Zeile 7. Betätigen Sie die <Return>-Taste.

"WOHN- ORT" verschieben

12. Setzen Sie den Cursor auf das erste "X" des Eingabefelds von "WOHNORT".

13. Betätigen Sie die <F6>-Taste, um den Select- bzw. Markierenmodus zu aktivieren.

14. Drücken Sie die <Return>-Taste, um die Selektion des Feldes abzuschließen.

15. Betätigen Sie die <F7>-Taste, um den Move- bzw. Verlagermmodus zu aktivieren.

16. Mit den Cursortasten können Sie jetzt das Feld beliebig auf dem Bildschirm hin- und herschieben. Setzen Sie es in Spalte 35 der zwölften Zeile. Betätigen Sie die <Return>-Taste.

Damit sind alle Felder verschoben.

Feld löschen

Das Feld "Erledigt" soll gelöscht werden, da die Abfrage durch die Sicht dafür sorgt, daß nur nicht erledigte Termine angezeigt werden.

"Erledigt" löschen

Diese Information ist somit redundant und kann entfallen. Gehen Sie folgendermaßen vor:

1. Setzen Sie den Cursor auf "L" in der Reihe 7, Spalte 12.

2. Aktivieren Sie das Menü mit der <F10>-Taste.

3. Wählen Sie im "Felder"-Menü die Option "Entfernen", und drücken Sie die <Return>-Taste.

Damit ist das Feld gelöscht.

Feinarbeiten

Als nächstes ändern Sie alle Kommentare in Groß-/Kleinschrift um und schreiben die Abkürzungen aus (aus "ADRESSNR" wird zum Beispiel "Adreßnummer").

Wenn Eingabefelder durch die verlängerten Wörter berührt werden, verschiebt dBASE IV diese Felder automatisch. Alle Kommentare sollten erst in der Spalte 2 beginnen, damit wir später noch einen Rahmen ziehen können. Ihr Bildschirm sollte jetzt der Abb. 11.1 entsprechen.

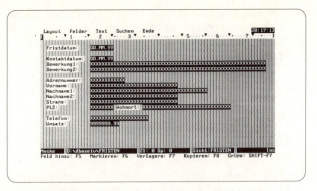

Abb. 11.1: Alle Felder sind an der richtigen Stelle

Rahmen ziehen

Um die gesamte Maske wollen wir jetzt einen Rahmen ziehen. Dazu gehen Sie wie folgt vor:

1. Setzen Sie den Cursor auf Spalte 0, Zeile 0.

2. Aktivieren Sie das Menü mit der <F10>-Taste, und wählen Sie im "Layout"-Menü die Option "Umrahmung". Betätigen Sie die <Return>-Taste.

Einfache Linie

3. Um einen Rahmen mit einer einfachen Linie zu erhalten, wählen Sie die Option "Einfache Linie". Drücken Sie die <Return>-Taste.

4. Den Startpunkt des Rahmens, auf dem der Cursor ja schon steht, bestätigen Sie mit der <Return>-Taste.

5. Setzen Sie den Cursor auf die Spalte 78, Zeile 16, und drücken Sie nochmals die <Return>-Taste.

Damit ist der Rahmen definiert und sichtbar. Als nächstes wollen wir eine Linie ziehen, die den Terminteil deutlich vom Adreßteil trennt.

Eventuell noch vorhandene Leerzeichen am Anfang der Zeilen, die die Rahmenlinie verdecken, müssen Sie mit der <Del>-Taste löschen.

Linie ziehen

1. Setzen Sie den Cursor auf Spalte 1, Zeile 6 (also zwischen Bemerkung2 und Adreßnummer).

2. Aktivieren Sie mit <F10> das Menü, und wählen Sie im "Layout"-Menü die Option "Linie".

3. Da wir eine doppelte Linie ziehen wollen, wählen Sie die Option "Doppelte Linie" und drücken die <Return>-Taste.

4. Die Anfangsposition der Linie, auf der der Cursor ja schon steht, bestätigen Sie mit der <Return>-Taste.

5. Setzen Sie den Cursor auf die Spalte 77 in der gleichen Reihe, und drücken Sie nochmals die <Return>-Taste.

Doppelte Linie

Damit ist die Linie definiert und sichtbar. Zum Schluß wollen wir noch das Fristdatum durch eine inverse Darstellung hervorheben, damit es auch sofort ins Auge springt. Dazu gehen Sie wie folgt vor:

Wörter invers darstellen

1. Setzen Sie den Cursor auf Spalte 2, Reihe 1 (das "F" des Wortes "Fristdatum").

2. Betätigen Sie die <F6>-Taste, um die Selektion des hervorzuhebenden Bereichs einzuleiten.

3. Setzen Sie den Cursor auf Spalte 17 in der gleichen Reihe (das Eingabefeld des Datums).

4. Beenden Sie die Selektion des Bereichs mit der <Return>-Taste.

5. Aktivieren Sie mit der <F10>-Taste das Menü, und wählen Sie im "Text"-Menü die Option "Darstellungsart".

6. Hier entscheiden wir uns für die erste Option (Fett). Wenn Sie einmal die <Return>-Taste drücken, wechselt die Anzeige hinter der Option von "Aus" auf "Ein".

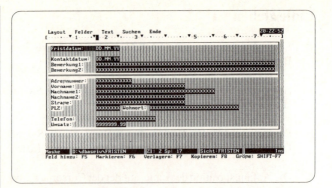

Abb. 11.2: Die fertige Maske

7. Schließen Sie diese Einstellung mit der Tastenkombination <Ctrl><End> ab.

Ihre Maske sollte jetzt der Abb. 11.2 entsprechen. Lassen Sie uns nun die Maske speichern und ausprobieren.

Abspeichern

Speichern Sie die Maske, indem Sie das Menü mit der <F10>-Taste aufrufen und unter "Ende" die Option "Speichern und beenden" anwählen. Als Namen geben Sie ein:

```
FRISTEN
```

Sie können ruhig den gleichen Namen wie für die Sicht verwenden, da dBASE IV die unterschiedlichen Dateitypen (Sicht, Masken usw.) intern unterscheidet.

Die Hauptmenüpunkte können Sie immer schnell und direkt über eine Tastenkombination, bestehend aus der <Alt>-Taste und dem Anfangsbuchstaben des gewünschten Menüpunktes, anwählen. Für die Option "Ende" wäre dies demnach die Tastenkombination <Alt><E>.

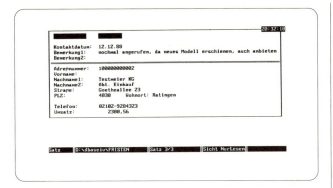

Abb. 11.3: Die erstellte Maske mit Daten

Maske benutzen

Sie brauchen jetzt vom Regiezentrum aus nur die <F2>-Taste zu betätigen, um Ihre neue Maske in Aktion zu sehen. Wenn Sie mit <F2> dann zum Browse-Bildschirm und wieder zurück umschalten, wird Ihre Maske auch wieder erscheinen. Der alte Edit-Bildschirm taucht nicht mehr auf. Auch wenn Sie in Zukunft nur die Sicht "FRISTEN" über die "Abfragen"-Spalte aktivieren, wird diese Maske automatisch mit eingeschaltet.

Damit haben wir uns erstmal genug dem Bildschirmlayout gewidmet. Natürlich bietet dieser Maskengenerator noch eine Fülle mehr Möglichkeiten. Dazu sei auf die Originalliteratur verwiesen.

Zusammenfassung

Die nächsten vier Schritte beschäftigen sich mit der Ausgabe der Daten auf Papier. Denn schließlich möchten Sie ja vielleicht einen schriftlichen Tagesplan erhalten oder Ihre Kunden per Serienbrief anschreiben. Fangen wir mit dem Tagesplan an.

Schritt 12:
Standard-Berichte

In diesem Schritt wollen wir die Fristen, die Sie bisher nur auf dem Bildschirm gesehen haben, in Listenform ausdrucken. Dies soll am Ende so aussehen, daß Sie nur noch die Druckfunktion "TAGPLAN" aufrufen müssen, nachdem Sie dBASE IV gestartet haben, und automatisch werden alle Fristen für den aktuellen sowie folgenden Tag ausgedruckt. Die ganze Selektion haben wir ja bereits bei der Abfrage vorgenommen. Wir werden diese Abfrage bzw. Sicht hier wieder benutzen und lediglich die Darstellungsform (Druckliste statt Bildschirm) ändern. Dazu benutzen wir die von dBASE IV angebotene Berichte-Funktion, mit der Sie in ein paar Minuten ein ansprechendes Listenformat erstellen können.

Inhalt

Standard-Bericht erstellen

Wie immer gibt es auch bei den Berichten einen Automatismus, der die meiste Arbeit abnimmt, so daß Sie nur noch die Feinarbeiten erledigen müssen. Gehen Sie folgendermaßen vor:

1. Aktivieren Sie die gewünschte Sicht, indem Sie in der "Abfragen"-Spalte die Option "FRISTEN" aufrufen.

2. Setzen Sie den Cursor in der "Berichte"-Spalte auf die Option "neu", und betätigen Sie die <Return>-Taste.

3. Wählen Sie "Standardlayout" und anschließend die Option "Anordnung in Spalten" (s. Abb. 12.1).

Die "Anordnung in Spalten" definiert die normale Listenform, in der die einzelnen Felder spaltenweise angeordnet sind. dBASE IV setzt jetzt alle Felder in den Bericht ein. Dabei versucht es, so viel wie möglich in eine Zeile zu bekommen. Dies scheitert erst beim letzten Feld (WOHNORT), das deshalb abgeschnitten wird. Dies müssen wir später wieder rückgängig machen, damit der volle Wohnort ausgegeben wird.

Spaltenlayout

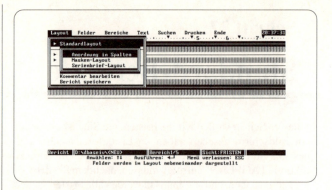

Abb. 12.1: Die Auswahl der Listenform

Zeilen teilen

maximal 136 Zeichen pro Zeile

Wir gehen einmal davon aus, daß Sie einen DIN-A4-Drucker besitzen, der maximal 136 Zeichen pro Zeile im Schmalschriftmodus drucken kann. Sollten Sie einen breiteren Drucker besitzen, können Sie diesen Abschnitt überschlagen und sich sofort der Druckereinstellung widmen. Es paßt dann alles in eine Zeile.

Wir werden jetzt die Druckausgabe auf drei Zeilen aufteilen. Unser Bericht besteht aus zwei Teilen: Der "Seite Kopfzeile Bereich" wird oben auf jeder neuen Seite ausgegeben. Der "Daten Bereich" beschreibt, was für jeden Datensatz ausgegeben werden soll. Die weiteren noch existierenden Teile sollen uns im Moment nicht interessieren.

Zuerst müssen wir die Zeile mit den Feldnamen im "Seite Kopfzeile Bereich" teilen. Dazu gehen Sie wie folgt vor:

1. Setzen Sie den Cursor mit Hilfe der <Tab>-Taste auf den Buchstaben "V" von "VORNAME". Betätigen Sie die <Return>-Taste. Dadurch wird alles ab dem "V" in die nächste Zeile verschoben.

2. Setzen Sie den Cursor mit Hilfe der <Tab>-Taste auf den Buchstaben "P" von "PLZ". Drücken Sie die <Return>-Taste. Dadurch werden die Felder "PLZ" und "WOHNORT" in die nächste Zeile verschoben.

Damit haben wir auch schon die Kopfzeile auf drei Zeilen verteilt. Nun wenden wir uns der Zeile im "Daten Bereich" zu.

1. Suchen Sie mit Hilfe der <Tab>-Taste das Feld für den Vornamen. Achten Sie dabei auf die unterste Bildschirmzeile. Hier wird immer der Name des Feldes angezeigt, in dem sich der Cursor befindet. Die gesuchte Anzeige ist "ADRESSEN->VORNAME"(s. Abb. 12.2). Wenn Sie sie gefunden haben, setzen Sie den Cursor auf das erste Zeichen dieses Feldes, und betätigen Sie die <Return>-Taste. Damit wird alles ab diesem Zeichen in die nächste Zeile verschoben.

2. Suchen Sie mit Hilfe der <Tab>-Taste das Feld für die Postleitzahl. Achten Sie dabei auf die unterste Bildschirmzeile. Die gesuchte Anzeige ist "ADRESSEN->PLZ". Wenn Sie sie gefunden haben, setzen Sie den Cursor auf das erste Zeichen dieses Feldes, und betätigen Sie die <Return>-Taste. Damit wird alles ab diesem Zeichen in die nächste Zeile verschoben.

Feld verlängern

Sie sehen, daß das Feld für den Wohnort nur ein paar Zeichen lang ist, anstatt 30 Zeichen zu umfassen. Dies liegt wie bereits erwähnt daran, daß dBASE IV die überhängenden Zeichen abgeschnitten hat. Doch dies können wir problemlos wieder rückgängig machen. Dazu gehen Sie wie folgt vor:

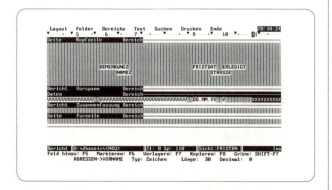

Abb. 12.2: Das gefundene Ausgabefeld für den Vornamen

1. Setzen Sie den Cursor auf das erste "X" des Wohnort-Feldes.

2. Betätigen Sie die <F6>-Taste, um das Feld zu selektieren. Drücken Sie die <Return>-Taste, um die Selektion abzuschließen.

3. Betätigen Sie die Tastenkombination <Shift><F7>, um die Funktion zum Verändern der Feldgröße aufzurufen.

4. Mit den Cursortasten können Sie jetzt die Größe des Feldes verändern. Vergrößern Sie das Feld bis zur Spalte 39. Damit hat es wieder die ursprünglichen 30 Zeichen. Betätigen Sie anschließend die <Return>-Taste.

Leerzeile einfügen

Zum Schluß wollen wir noch eine Leerzeile einfügen, damit die einzelnen Termine deutlich voneinander getrennt sind. Dazu setzen Sie den Cursor hinter das Feld des Wohnorts und betätigen die <Return>-Taste. Daraufhin erscheint auf dem Bildschirm eine Leerzeile.

Ihr Layout sollte jetzt wie in Abb. 12.3 aussehen. Damit ist die Definition des Layouts beendet. Jetzt müssen wir noch den Drucker einstellen.

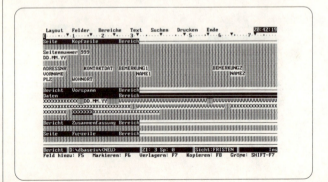

Abb 12.3: Das fertige Layout

Drucker einstellen

Für jeden Bericht können Sie eine Reihe von Druckerparametern einstellen, die dann fest mit der Liste verknüpft sind. Das wichtigste für unsere Liste ist, daß wir den Drucker auf Schmalschrift einstellen, damit auch 136 Zeichen in eine Zeile passen. Außerdem definieren wir noch einen Seitenvorschub und die Länge einer Seite in Zeilen. Gehen Sie folgendermaßen vor:

*Schmal-
schrift*

1. Rufen Sie mit <F10> das Menü auf, wählen Sie "Drucken" und anschließend "Druckersteuerung". Betätigen Sie die <Return>-Taste.

2. Wählen Sie die Option "Zeichendichte". Betätigen sie so oft die Leertaste, bis "Schmalschrift" erscheint. Damit haben Sie die Schmalschrift angewählt.

3. Setzen Sie den Cursor auf "Seitenvorschub" und betätigen sie so oft die Leertaste, bis "Nach Druck" erscheint. Damit haben Sie festgelegt, daß nach dem Bericht ein Seitenvorschub durchgeführt wird.

*Seiten-
vorschub*

4. Betätigen Sie jetzt einmal die Cursortaste <→>, um dieses Menü zu verlassen.

5. Wählen Sie "Größe der Seite", anschließend "Seitenlänge", und drücken Sie die <Return>-Taste.

Seitenlänge

6. Geben Sie ein:

```
72
```

Damit haben Sie festgelegt, daß auf eine Seite 72 Zeilen passen. Dies stimmt immer beim normalen A4-Endlospapier, das Sie in Deutschland bekommen (bei einzeiligem Zeilenvorschub).

7. Verlassen Sie auch dieses Menü, indem Sie einmal die Cursortaste <→> betätigen.

8. Zum Speichern dieser Einstellungen wählen Sie "Format speichern". Geben Sie als Namen ein:

Speichern

```
STANDARD
```

Damit ist auch die Druckereinstellung beendet. Jetzt wollen wir uns den Bericht auf den Bildschirm ausgeben lassen, um zu sehen, ob auch alles in Ordnung ist.

Auf Bildschirm ausgeben

Für die Ausgabe auf den Bildschirm brauchen Sie nur die Option "Ausgabe am Bildschirm" anzuwählen. Daraufhin wird die Druckausgabe auf den Bildschirm umgeleitet.

Da der Bildschirm ja leider meistens nur 80 Zeichen pro Zeile darstellen kann, ist die Ausgabe natürlich ein bißchen verstümmelt. dBASE IV zeigt alle ausgegebenen Daten an.

Wenn etwas nicht mehr in eine Zeile paßt, wird die Ausgabe in der nächsten Zeile fortgeführt.

Speichern des Berichts

Nach der Anzeige auf dem Bildschirm wollen wir den Bericht speichern, bevor wir ihn endlich ausdrucken. Dazu gehen Sie wie folgt vor:

1. Aktivieren Sie mit der <F10>-Taste das Menü. Wählen Sie wie üblich "Ende" und "Speichern und beenden".

```
Seitennummer   1
21.03.89
ADRESSNR    KONTAKTDAT  BEMERKUNG1              BEMERKUNG2
            FRISTDAT    ERLEDIGT
VORNAME                 NAME1                   NAME2
            STRASSE
PLZ         WOHNORT
100000000002  12.12.88  nochmal angerufen, da neues
              14.12.88 N
                        Modell erschienen, auch
                        anbieten
                        Testmeier KG            Abt. Einkauf
            Goetheallee 23
4030        Ratingen
100000000002  12.12.88  Kauf eines Druckers, Angebot
              15.12.88 N
                        schreiben
                        Testmeier KG            Abt. Einkauf
            Goetheallee 23
4030        Ratingen
            Abbrechen der Bildschirmanzeige: ESC   Fortsetzen: LEERTASTE
```

Abb. 12.4: Der Bericht auf dem Bildschirm

2. Als Namen geben Sie ein:

```
TAGPLAN
```

Auch hier dürfen sie wieder ruhigen Gewissens den gleichen Namen wie bei der Druckereinstellung verwenden. dBASE IV unterscheidet die Dateien automatisch.

Bericht drucken

Jetzt wollen wir aber endlich drucken. Sie befinden sich jetzt wieder im Regiezentrum. Gehen Sie folgendermaßen vor:

1. Wählen Sie in der "Berichte"-Spalte die Option "TAG-PLAN".

2. In dem daraufhin erscheinenden Fenster bestätigen Sie die Option "Bericht drucken" mit der <Return>-Taste.

3. Wählen Sie "Start", und drücken Sie nochmals die <Return>-Taste.

Daraufhin wird Ihr Bericht ausgedruckt. Alle Einstellungen, wie z.B. der Aufruf der Sicht oder die Druckereinstellung nimmt dBASE IV jetzt automatisch vor. Sie brauchen in Zukunft nur noch die gerade angegebenen drei Schritte auszuführen, nachdem Sie dBASE IV gestartet haben, und erhalten automatisch den aktuellen Tagesplan fix und fertig ausgedruckt.

Natürlich können Sie den Ausdruck noch verfeinern. So wäre es sicher sinnvoll, das Fristdatum wieder nach vorne zu ziehen. Auch Linien zum Trennen der einzelnen Termine wären sicher sinnvoll. Lassen Sie Ihrer Fantasie freien Lauf. Es stehen Ihnen beim Ändern dieses Layouts die gleichen Möglichkeiten wie beim Erstellen einer Bildschirmmaske zur Verfügung. Diese haben wir ja bereits im Schritt 11 erläutert.

Zusammenfassung

Im nächsten Schritt wenden wir uns einem anderen Teilbereich der Berichte zu, den Rechen- und Statistikfunktionen. Dies geschieht anhand einer Liste für die Adreßdatei. Wollen Sie auch wissen, wieviel Umsatz Sie insgesamt gemacht haben? Dann machen Sie den nächsten Schritt mit!

Schritt 13:
Rechenfunktionen

Inhalt

In diesem Schritt werden wir den Berichtgenerator etwas weiter ausreizen, indem wir auch Statistikfunktionen in unser Listenformat einbauen. So soll dBASE IV nicht nur den Gesamtumsatz aller ausgedruckten Kunden, sondern auch die Anzahl der Kunden sowie den durchschnittlichen Umsatz pro Kunde ausgeben. Dies geschieht folgendermaßen:

Standardlayout erstellen

Auch hierbei benutzen wir wieder das Standardlayout, da es uns eine ganze Menge Arbeit abnimmt:

1. Aktivieren Sie die Adreßdatei, indem Sie in der "dB-Dateien"-Spalte die Option "ADRESSEN" aufrufen.

2. Setzen Sie den Cursor in der "Berichte"-Spalte auf die Option "neu", und betätigen Sie die <Return>-Taste.

3. Wählen Sie "Standardlayout" und anschließend die Option "Anordnung in Spalten".

Felder löschen

Für diese Liste wollen wir mit einer Druckzeile von 136 Zeichen auskommen. Deshalb beschränken wir uns auf die Ausgabe der Adreßnummer, des Vornamens, von Name1, Name2 sowie des Umsatzes. Alle anderen Felder löschen wir. Dazu gehen Sie folgendermaßen vor:

1. Setzen Sie den Cursor mit Hilfe der <Tab>-Taste auf den Buchstaben "S" von "STRASSE". Betätigen Sie die <Del>-Taste so oft, bis das gesamte Wort verschwunden ist.

2. Verfahren Sie genauso mit den Feldern "PLZ", "WOHN-ORT", "TELEFON" und "NOTIZEN".

3. Das Feld "UMSATZ" verschieben wir. Setzen Sie den Cursor auf das "U" von Umsatz, und betätigen Sie die <F6>-Taste. Setzen Sie den Cursor jetzt auf das "Z", drücken Sie <Return> und anschließend die <F7>-Taste, setzen Sie dann den Cursor in die Spalte 110 und betätigen Sie die <Return>-Taste.

Damit haben wir die Kopfzeile des Berichts richtig definiert. Als nächstes müssen wir im Daten Bereich die eigentlichen Ausgabefelder löschen und verschieben.

Ausgabefelder löschen

1. Suchen Sie mit Hilfe der <Tab>-Taste das Feld für die Straße. Achten Sie dabei auf die unterste Bildschirmzeile. Hier wird immer der Name des Feldes angezeigt, in dem sich der Cursor befindet. Die gesuchte Anzeige ist "ADRESSEN->STRASSE". Wenn Sie sie gefunden haben, setzen Sie den Cursor auf das erste Zeichen dieses Feldes.

2. Rufen Sie mit der <F10>-Taste das Menü auf, wählen Sie "Felder" und anschließend "Entfernen". Damit ist das Feld gelöscht.

3. Verfahren Sie genauso mit den Feldern "PLZ", "WOHN-ORT", "TELEFON" und "NOTIZEN".

4. Das Ausgabefeld für den Umsatz müssen wir wieder verschieben. Setzen Sie dazu den Cursor in das "UMSATZ"-Feld, betätigen Sie die <F6>-Taste und anschließend die <Return>-Taste. Damit ist das Feld selektiert.

5. Drücken Sie die <F7>-Taste, und verschieben Sie mit Hilfe der Cursortasten das Feld in die Spalte 110. Betätigen Sie die <Return>-Taste.

Damit ist der Daten Bereich fertig. dBASE IV hat für das numerische Feld "UMSATZ" automatisch ein Summenfeld im "Bericht Zusammenfassung Bereich" eingefügt. Dort wird die

Summe aller Umsätze errechnet und ausgegeben. Dieses Feld sollten wir jetzt auch verschieben.

Summenfeld verschieben

1. Suchen Sie mit Hilfe der <Tab>-Taste dieses Feld im "Bericht Zusammenfassung Bereich".

2. Selektieren Sie das Feld, indem Sie, während der Cursor auf dem ersten Zeichen des Feldes steht, die <F6>- und anschließend die <Return>-Taste betätigen.

3. Drücken Sie die <F7>-Taste, und verschieben Sie das Feld mit den Cursortasten in die Spalte 110. Betätigen Sie die <Return>-Taste.

Zählfeld einfügen

Als nächstes soll in der gleichen Zeile noch die Anzahl der Adressen in der Liste ausgegeben werden. Dazu gehen Sie wie folgt vor:

1. Schreiben Sie am Anfang der Zeile den Text:

   ```
   Anzahl Adressen:
   ```

2. Setzen Sie den Cursor in die Spalte 17.

3. Rufen Sie mit der <F10>-Taste das Menü auf, und wählen Sie im Menü "Felder" die Option "Hinzufügen". Daraufhin erscheint ein Bildschirm wie in der Abb. 13.1.

4. Wählen Sie in der "Formelfeld"-Spalte die Option "Zählung". Betätigen Sie die <Return>-Taste.

5. Setzen Sie den Cursor auf die Option "Schablone", und drücken Sie die <Return>-Taste. Mit dieser Option wird das Ausgabeformat der Zahl definiert.

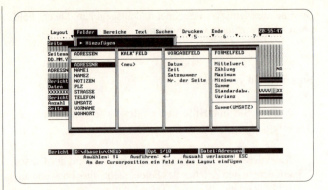

Abb. 13.1: Ein Feld wird hinzugefügt

6. Da eine ganze Zahl ohne Nachkommastellen (also z.B. 45 und nicht 45,00) ausgegeben werden soll, löschen Sie die letzten drei Zeichen (.99) der Formatangabe. Betätigen Sie anschließend die <Return>-Taste.

7. Schließen Sie die Definition mit der Tastenkombination <Ctrl><End> ab.

Daraufhin erscheint das Ausgabefeld mit der Kennzeichnung "999999" an der Cursorposition.

Durchschnittlichen Umsatz anzeigen

Außerdem wollen wir noch den "durchschnittlichen Umsatz pro Kunde" ausgeben lassen. Dazu gehen Sie folgendermaßen vor:

1. Setzen Sie den Cursor in die Spalte 31.

2. Tragen Sie dort ein:

    ```
    Durchschnittlicher Umsatz pro Kunde:
    ```

3. Setzen Sie den Cursor in die Spalte 68.

4. Rufen Sie mit der <F10>-Taste das Menü auf, und wählen Sie im Menü "Felder" die Option "Hinzufügen".

5. Wählen Sie in der "Formelfeld"-Spalte die Option "Mittelwert". Betätigen Sie die <Return>-Taste.

6. Setzen Sie den Cursor auf die Option "dB-Bezugsfeld". Hier müssen Sie festlegen, von welchem Feld der Durchschnitt berechnet werden soll. Betätigen Sie die <Return>-Taste.

7. In der daraufhin erscheinenden Feldliste wählen Sie "UMSATZ".

8. Beenden Sie die Definition mit der Tastenkombination <Ctrl><End>.

Ihr Layout sollte jetzt wie in der Abb. 13.2 aussehen. Damit ist die Definition des Layouts beendet.

Testweise wollen wir den Bericht jetzt einmal auf dem Bildschirm ausgeben.

Auf Bildschirm ausgeben

Für die Ausgabe auf dem Bildschirm aktivieren Sie mit der <F10>-Taste das Menü und wählen die Option "Drucken" an. Rufen Sie dann die Option "Ausgabe am Bildschirm". Daraufhin wird die Druckausgabe auf den Bildschirm umgeleitet.

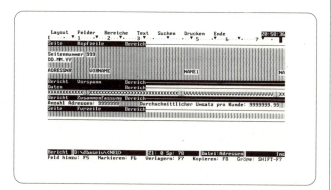

Abb 13.2: Das fertige Layout

Da der Bildschirm ja leider meistens nur 80 Zeichen pro Zeile darstellen kann, ist die Ausgabe natürlich ein bißchen verstümmelt. dBASE IV zeigt alle ausgegebenen Daten an. Wenn etwas nicht mehr in eine Zeile paßt, wird die Ausgabe in der nächsten Zeile fortgeführt. Die Ausgabe müßte wie in der Abb. 13.3 aussehen.

Speichern des Berichts

Nach der Anzeige auf dem Bildschirm wollen wir den Bericht speichern, bevor wir ihn endlich ausdrucken. Dazu gehen Sie wie folgt vor:

1. Aktivieren Sie mit der <F10>-Taste das Menü. Wählen Sie wie üblich "Ende" und "Speichern und beenden".

2. Als Namen geben Sie ein:

    UMSATZ

Bericht drucken

Jetzt wollen wir aber endlich drucken. Sie befinden sich jetzt wieder im Regiezentrum. Gehen Sie folgendermaßen vor:

1. Wählen Sie in der "Berichte"-Spalte die Option "UMSATZ".

Abb. 13.3: Der Bericht wird auf dem Bildschirm angezeigt

2. In dem daraufhin erscheinenden Fenster bestätigen Sie die Option "Bericht drucken" mit der <Return>-Taste.

3. Wählen Sie die Option "ADRESSEN.DBF". Damit bestimmen Sie, daß alle Adressen der Datei ausgegeben werden. Alternativ können Sie auch eine Abfrage einschalten. Dies machen wir im nächsten Abschnitt.

Alle Adressen ausgeben

4. Wählen Sie "Start", und drücken Sie nochmals die <Return>-Taste.

Daraufhin wird Ihr Bericht mit allen Adressen ausgedruckt. Natürlich können Sie auch mit Hilfe einer Abfrage selektieren.

Bericht mit Abfrage drucken

Im Regiezentrum müssen Sie zu diesem Zweck zuerst eine Sicht oder Abfrage aktivieren. Hier bietet sich die vorhandene Abfrage mit dem Namen "UMS10-20" an. Gehen Sie folgendermaßen vor:

1. Wählen Sie in der "Abfragen"-Spalte die Option "UMS10-20".

2. Wählen Sie in der "Berichte"-Spalte die Option "UMSATZ".

3. In dem daraufhin erscheinenden Fenster bestätigen Sie die Option "Aktivierte Sicht" mit der <Return>-Taste. Dadurch bleibt die unter 1 aktivierte Abfrage eingeschaltet und wird als Filter für die Ausgabe des Berichts benutzt.

Ausgewählte Adressen ausgeben

4. Drucken Sie den Bericht mit der Option "Start".

So können Sie jede beliebige Abfrage als Filter benutzen. Wir hätten auch unsere Abfrage zur Selektion der Kunden im Postleitzahlgebiet 4 benutzen können, um die regionalen Umsätze zu sehen. Sie sehen schon, hier bietet sich eine Vielzahl von Abfragemöglichkeiten an. Sicher fallen Ihnen noch eine Menge Abfragen ein, die Sie mit diesem Bericht verbinden können.

Mit diesem Schritt beenden wir das Drucken von Listen. Sie wissen jetzt genug, um sich auch ohne weitere Hilfe eigene Li-

Zusammenfassung

sten definieren zu können. Im nächsten Schritt wenden wir uns dem Drucken von Etiketten zu, bevor wir Ihnen zeigen, wie Sie mit dBASE IV sogar Serienbriefe schreiben können.

Schritt 14:
Etiketten drucken

In diesem Schritt wenden wir uns dem Drucken von Adreßetiketten zu. Dies scheint einfach, hat aber seine Tücken. Denn wie bringen Sie dBASE IV bei, daß es hinter der Postleitzahl nur ein Leerzeichen lassen soll, und dann soll direkt der Ort kommen, egal ob die Postleitzahl eine, vier oder sechs Stellen (z.B. D–4000) hat? Nun, dieses Problem werden wir lösen.

Inhalt

Etikettendefinition aufrufen

1. Aktivieren Sie eine Abfrage, indem Sie in der "Abfragen"-Spalte die Option "PLZ4" aufrufen. Damit haben Sie auch gleich einen Filter gesetzt, wenn Sie das Drucken der Etiketten aufrufen. Natürlich läßt sich später auch eine andere Abfrage problemlos mit dem gleichen Etikettenformat benutzen. Wählen Sie die Option "Sicht öffnen".

2. Setzen Sie den Cursor in der "Etiketten"-Spalte auf die Option "neu", und betätigen Sie die <Return>-Taste.

3. Setzen Sie den Cursor in die linke obere Ecke des jetzt erscheinenden Fensters (s. Abb. 14.1).

Felder definieren

Fangen wir links oben mit dem 1. Namen an. Um hier ein Ausgabefeld zu definieren, gehen Sie wie folgt vor:

1. Aktivieren Sie mit der <F10>-Taste das Menü. Rufen Sie das Menü "Felder" auf, und wählen Sie die Option "Hinzufügen".

2. In dem daraufhin erscheinenden Bild (Abb. 14.2) setzen Sie den Cursor in die "PLZ4"-Spalte auf die Option "NAME1". Betätigen Sie die <Return>-Taste.

83

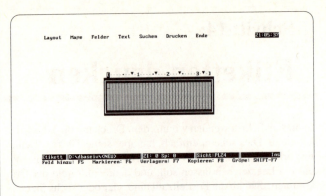

Abb. 14.1: Die Etikettendefinition

3. In dem jetzt erscheinenden Fenster können Sie noch einige Feinheiten für das Feld festlegen (z.B. Größe, erlaubte Zeichen, Konvertierung auf Großbuchstaben usw.). Dies alles wollen wir aber jetzt nicht. Daher beenden Sie dieses Fenster mit der Tastenkombination <Ctrl><End>.

Bei diesem Feld erscheint jetzt in der untersten Bildschirmzeile die Meldung, daß der überhängende Teil abgeschnitten (truncated) wurde. Dies liegt daran, daß das Feld 40 Zeichen groß ist, aber nur 35 Zeichen auf ein Etikett passen. Dies soll uns aber im Moment nicht weiter stören.

Für das nächste Feld (NAME2) gehen wir genauso vor, nachdem Sie den Cursor an den Anfang der 2. Reihe (Reihe 1 nach dem Zähler in der vorletzten Bildschirmzeile) gesetzt haben:

1. Aktivieren Sie mit der <F10>-Taste das Menü, und bestätigen Sie die Option "Hinzufügen" mit der <Return>-Taste.

2. Wählen Sie das Feld "NAME2" in der "PLZ4"-Spalte. Betätigen Sie die <Return>-Taste.

3. Das nächste Fenster übergehen Sie wieder, indem Sie die Tastenkombination <Ctrl><End> betätigen.

Nun kommt noch die Straße. Setzen Sie den Cursor auf den Anfang der nächsten Zeile, und gehen Sie wie folgt vor:

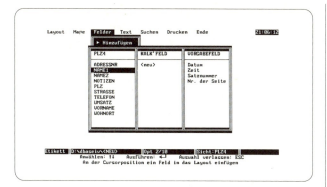

Abb. 14.2: Das Definieren der Ausgabefelder

1. Aktivieren Sie mit der <F10>-Taste das Menü, und bestätigen Sie die Option "Hinzufügen" mit der <Return>-Taste.

2. Wählen Sie das Feld "STRASSE" in der "PLZ4"-Spalte. Betätigen Sie die <Return>-Taste.

3. Das nächste Fenster übergehen Sie wieder, indem Sie die Tastenkombination <Ctrl><End> betätigen.

Jetzt wird es interessant. In der Reihe 4 sollen Postleitzahl und Wohnort ausgedruckt werden. Wie schon am Anfang dieses Schrittes angedeutet, haben wir dabei ein kleines Problem. Würden wir die Felder wie die anderen einfach einsetzen, würde diese Zeile wie folgt ausgedruckt:

```
4000      Düsseldorf
4030      Ratingen
A-1000    Wien
```

Das sieht nicht besonders hübsch aus. Gewünscht ist folgender Ausdruck:

```
4000 Düsseldorf
4030 Ratingen
A-1000 Wien
```

Also immer schön nur ein Leerzeichen hinter der Postleitzahl, egal wie lang sie ist. Um dies zu erreichen, müssen wir ein bißchen in die Trickkiste von dBASE IV greifen und den TRIM-Befehl herausholen. Dieser Befehl bewirkt, daß alle anhängen-

85

den Leerzeichen abgeschnitten werden. Genau das brauchen wir für die Postleitzahl, wobei wir dann noch dafür sorgen müssen, daß trotzdem noch ein Leerzeichen ausgegeben wird. Doch das alles ist einfacher, als Sie vielleicht glauben. Gehen Sie Schritt für Schritt so vor:

1. Setzen Sie den Cursor auf den Anfang der 5. Reihe. Aktivieren Sie mit der <F10>-Taste das Menü, und bestätigen Sie wie üblich die Option "Hinzufügen" mit der <Return>-Taste.

2. Setzen Sie den Cursor jetzt in die Spalte "KALK'FELD", und bestätigen Sie die Option "neu" mit der <Return>-Taste.

3. In dem daraufhin erscheinenden Fenster setzen Sie den Cursor auf "Ausdruck" und drücken wieder die <Return>-Taste.

Der "TRIM"-Befehl

4. Jetzt können Sie eine beliebige dBASE-Formel eingeben. Wir geben ein (s. Abb. 14.3):

   ```
   TRIM(PLZ)+" "+WOHNORT
   ```

Betätigen Sie wieder die <Return>-Taste. Diese Formel bewirkt, daß die Postleitzahl ausgegeben wird, wobei anhängende Leerzeichen abgeschnitten werden (der TRIM-Befehl), dann kommt ein Leerzeichen und anschließend der Wohnort. Also genau das, was wir brauchen.

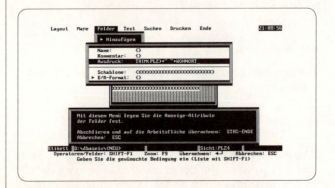

Abb. 14.3: Die Formel für die Ausgabe von PLZ und Wohnort

5. Beenden Sie die Eingabe mit der Tastenkombination <Ctrl><End>.

Damit haben wir alle Felder definiert. Das Etikett ist vielleicht noch ein bißchen klein (nur fünf Zeilen hoch). Das wollen wir noch schnell ändern.

Etikett vergrößern

1. Aktivieren Sie mit der <F10>-Taste das Menü.
2. Wählen Sie das "Maße"-Menü und dort die Option "Höhe". Betätigen Sie die <Return>-Taste.
3. Überschreiben Sie die "5" mit "12". Mit diesem Wert sollten Sie bei normalen Adreßetiketten eigentlich hinkommen. Drücken Sie die <Return>-Taste.

Damit haben Sie die vertikale Größe des Etiketts verändert. Jetzt schauen wir uns einmal auf dem Bildschirm an, wie die Ausgabe aussieht.

Auf Bildschirm ausgeben

Für die Ausgabe auf dem Bildschirm aktivieren Sie mit der <F10>-Taste das Menü und wählen die Option "Drucken" an. Rufen Sie dann die Option "Ausgabe am Bildschirm". Daraufhin wird die Druckausgabe auf den Bildschirm umgeleitet. Die Ausgabe müßte wie in der Abb. 14.4 aussehen.

Speichern des Etikettenformats

Nach der Anzeige auf dem Bildschirm wollen wir das Etikettenformat speichern, bevor wir die Etiketten endlich ausdrucken. Dazu gehen Sie wie folgt vor:

1. Aktivieren Sie mit der <F10>-Taste das Menü. Wählen Sie wie üblich "Ende" und "Speichern und beenden".

```
Testmann
Lessingring 45
4000 Düsseldorf




Testmeier KG
Abt. Einkauf
Goetheallee 23
4030 Ratingen




      Abbrechen der Bildschirmanzeige: ESC    Fortsetzen: LEERTASTE
```

Abb. 14.4: Die Etiketten werden auf dem Bildschirm angezeigt

2. Als Namen geben Sie ein:

   ETIKETT

Etiketten drucken

Jetzt wollen wir aber endlich drucken. Sie befinden sich jetzt wieder im Regiezentrum. Gehen Sie folgendermaßen vor:

1. Wählen Sie in der "dB-Dateien"-Spalte die Option "ADRESSEN".

2. Wählen Sie in der "Etiketten"-Spalte die Option "ETIKETT".

3. In dem daraufhin erscheinenden Fenster bestätigen Sie die Option "Etikett drucken" mit der <Return>-Taste.

Alle oder ausgewählte Adressen drucken

4. Wählen Sie die Option "Aktivierte Sicht". Damit bestimmen Sie, daß alle Adressen der Datei ausgegeben werden. Alternativ können Sie auch die Abfrage "PLZ4" einschalten. Wenn Sie eine Abfrage aktivieren, bevor Sie das Drucken der Etiketten aufrufen, können Sie auch diesen mit der Option "Aktivierte Sicht" benutzen.

5. Wählen Sie "Start", und drücken Sie nochmals die <Return>-Taste.

Daraufhin werden Ihre Etiketten mit allen Adressen ausgedruckt. Hätten Sie eine Abfrage bzw. Sicht benutzt, wären natürlich nur die Etiketten für die selektierten Adressen gedruckt worden.

Damit wissen Sie jetzt auch, wie Sie Etiketten drucken können. Im nächsten Schritt wenden wir uns einem sehr interessanten Thema zu, dem Drucken von Serienbriefen.

Zusammenfassung

Schritt 15:
Serienbriefe

Inhalt

In diesem Schritt wenden wir uns den lange angekündigten Serienbriefen zu. Mit dem, was Sie bisher gelernt haben, müßten Sie eigentlich schon fast alleine in der Lage sein, diese Serienbriefe zu erstellen, wenn wir Ihnen verraten, daß Serienbriefe nichts anderes als eine besondere Art von Berichten sind. Trotzdem, auch hier wieder Schritt für Schritt:

Standard-Bericht erstellen

Wieder benutzen wir den Standard-Bericht, da er uns eine ganze Menge Arbeit abnimmt:

1. Aktivieren Sie die Adreßdatei, indem Sie in der "dB-Dateien"-Spalte die Option "ADRESSEN" aufrufen.

2. Setzen Sie den Cursor in der "Berichte"-Spalte auf die Option "neu", und betätigen Sie die <Return>-Taste.

3. Wählen Sie " Standard layouts" und anschließend die Option "Serienbrief-Layout".

Adreßfelder definieren

Daraufhin erscheint ein relativ leerer Bildschirm. Wir werden jetzt hier wieder die Ausgabefelder für die Adreßdaten genauso einsetzen, wie wir dies bei den Etiketten getan haben. Gehen Sie folgendermaßen vor:

1. Setzen Sie den Cursor in die Reihe 0, Spalte 0 des Daten Bereichs.

2. Rufen Sie das Menü mit der <F10>-Taste auf, wählen Sie "Felder" und anschließend die Option "Hinzufügen".

Adressaten definieren

3. Setzen Sie den Cursor auf "NAME1", und betätigen Sie die <Return>-Taste. Das daraufhin erscheinende Fenster beenden Sie mit der Tastenkombination <Ctrl><End>.

4. Gehen Sie in der Reihe 1 für das Feld "NAME2" und in der Reihe 2 für das Feld "STRASSE" genauso vor.

5. In die Reihe 4 setzen wir wieder wie beim Etikett das PLZ- und das WOHNORT-Feld ein. Aktivieren Sie mit <F10> das Menü, betätigen die <Return>-Taste und wählen in der Spalte "KALK'FELD" die Option "neu".

6. Setzen Sie den Cursor auf "Ausdruck", drücken <Return>, und geben ein:

    TRIM(PLZ)+" "+WOHNORT

7. Beenden Sie die Eingabe mit der <Return>-Taste und danach mit der Tastenkombination <Ctrl><End>.

Damit ist der Adreßkopf definiert. Als nächstes setzen wir das Tagesdatum ein.

Tagesdatum automatisch einsetzen

Jedesmal, wenn Sie diesen Serienbrief aufrufen, soll dBASE IV automatisch das Tagesdatum einsetzen. Dazu gehen Sie wie folgt vor:

1. Setzen Sie den Cursor in die Reihe 7, Spalte 40.

2. Geben Sie dort ein:

    Düsseldorf, den

3. Setzen Sie den Cursor ein Zeichen hinter "den".

4. Rufen Sie mit <F10> das Menü auf, bestätigen Sie die Option "Hinzufügen" mit der <Return>-Taste und setzen den Cursor in die Spalte "Vorgabefeld".

"Date"- Funktion

5. Dort wählen Sie die Option "Datum" und drücken die <Return>-Taste.

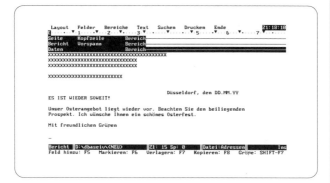

Abb. 15.1: Das fertige Serienbriefformular

6. Beenden Sie die Eingabe mit der Tastenkombination <Ctrl><End>.

Daraufhin erscheint in dem Brief die Anzeige:

DD.MM.YY

An dieser Stelle wird nachher beim Ausdrucken immer automatisch das Tagesdatum eingesetzt.

Text eingeben

Zum Schluß geben Sie noch den eigentlichen Text des Briefes ein. Eine Vorlage liefert Ihnen die Abb. 15.1, aber natürlich können Sie sich auch einen eigenen Text einfallen lassen.

Druckerparameter bestimmen

Bevor wir jetzt ausdrucken, sollten wir noch festlegen, welche Druckerparameter wir benutzen. Wir haben bereits im Schritt 12 einmal Druckerparameter definiert und unter dem Namen "Standard" abgespeichert. Diese werden wir jetzt wieder verwenden:

1. Rufen Sie mit <F10> das Menü auf, und wählen Sie die Option "Drucken".

2. Setzen Sie den Cursor auf "Mit Druckformat" und betätigen die <Return>-Taste.

3. Daraufhin erscheint ein Fenster mit allen verfügbaren Druckerparameterdateien. Wählen Sie mit den Cursortasten die Option "STANDARD", und drücken Sie die <Return>-Taste.

Damit haben wir die Druckerparameter definiert und können den Serienbrief ausgeben.

Auf Bildschirm ausgeben

Wie immer lassen wir uns den Bericht zuerst auf dem Bildschirm ausgeben. Dazu rufen Sie die Option "Ausgabe am Bildschirm" auf. dBASE IV zeigt daraufhin nacheinander die zwei Serienbriefe wie in der Abb. 15.2 an.

Speichern des Berichts

Nach der Anzeige auf dem Bildschirm wollen wir den Bericht speichern, bevor wir ihn endlich ausdrucken. Dazu gehen Sie wie folgt vor:

1. Aktivieren Sie mit der <F10>-Taste das Menü. Wählen Sie wie üblich "Ende" und "Speichern und beenden".

```
Testmeier KG
Abt. Einkauf
Goethealles 23
4030 Ratingen
                                    Düsseldorf, den 21.03.89
ES IST WIEDER SOWEIT!
Unser Osterangebot liegt wieder vor. Beachten Sie den beiliegenden
Prospekt. Ich wünsche Ihnen ein schönes Osterfest.
Mit freundlichen Grüßen


                        Weiter mit beliebiger Taste
```

Abb. 15.2: Ein Serienbrief

2. Als Namen geben Sie ein:

   ```
   BRIEF1
   ```

Bericht drucken

Jetzt wollen wir aber endlich drucken. Sie befinden sich jetzt wieder im Regiezentrum. Gehen Sie folgendermaßen vor:

1. Wählen Sie in der "Berichte"-Spalte die Option "BRIEF1".

2. In dem daraufhin erscheinenden Fenster bestätigen Sie die Option "Bericht drucken" mit der <Return>-Taste.

3. Wählen Sie die Option "ADRESSEN.DBF". Damit bestimmen Sie, daß alle Adressen der Datei ausgegeben werden. Alternativ können Sie natürlich auch wieder wie bei allen Berichten eine Abfrage einschalten.

4. Wählen Sie "Start", und drücken Sie nochmals die <Return>-Taste.

Daraufhin wird Ihr Serienbrief mit allen Adressen ausgedruckt.

Mit diesem Schritt beenden wir das Ausdrucken. Sie wissen jetzt prinzipiell, wie Sie in dBASE IV Daten eingeben, suchen und in verschiedensten Formen wieder ausgeben können. Die beiden nächsten Schritte machen Sie mit dem Programmgenerator vertraut, der Ihnen hilft, Abläufe zu automatisieren und zu vereinfachen.

Zusammenfassung

Schritt 16:
Der Generator

dBASE IV enthält einen extrem leistungsfähigen Programmgenerator. Doch wozu brauchen Sie ein Programm? Der Umgang mit dem Regiezentrum ist zwar recht komfortabel, aber alles läßt sich damit doch nicht erledigen. Für solche Zwecke setzen Sie den Programmgenerator ein. Außerdem können Sie mit seiner Hilfe immer wiederkehrende Abläufe automatisieren und vereinfachen. In diesem Schritt zeigen wir Ihnen, wie Sie mit dem Programmgenerator in wenigen Minuten eine komplette Anwendung erstellen. Dieser Schritt ist vom Zeitbedarf her sehr kurz, aber er hat es in sich.

Inhalt

Programmgenerator aufrufen

1. Im Regiezentrum setzen Sie den Cursor in die "Programme"-Spalte. Wählen Sie die Option "neu".

2. Im folgenden Fenster setzen Sie den Cursor auf die Option "Programmgenerator" und betätigen die <Return>-Taste.

Grunddefinitionen eingeben

Jetzt befinden Sie sich schon mitten in der Definition Ihres ersten dBASE IV-Programms. dBASE IV möchte wissen, wie das Programm heißen soll, welche Datei benutzt werden soll usw. Tragen Sie folgendes ein (s. Abb. 16.1):

1. Hinter "Programmname:" geben Sie ein:

    ADRESSEN

Damit haben Sie festgelegt, daß Ihr Programm "ADRESSEN" heißen wird.

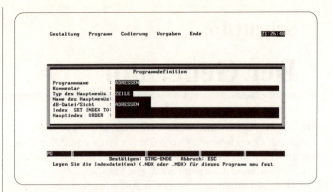

Abb. 16.1: Die Grunddefinitionen

2. Hinter "dB-Datei/Sicht" geben Sie ebenfalls ein:

   ADRESSEN

Dies bedeutet, daß Ihr Programm die Datei "ADRESSEN" verwenden wird.

Mehr brauchen Sie hier nicht zu definieren. Betätigen Sie jetzt die Tastenkombination <Ctrl><End>.

Begrüßungsbildschirm definieren

Das Fenster, das Sie jetzt mitten auf Ihrem Bildschirm sehen, ist das Begrüßungsfenster für Ihr Programm. Es erscheint immer, wenn Sie das Programm starten.

Überschreiben Sie die vorgegebene Meldung mit einem Text, wie er beispielsweise in der Abb. 16.2 gezeigt wird.

Programm generieren

Die eigentliche Generierung des Programms kann entweder von Hand oder vollautomatisch erfolgen. Wir wollen zuerst einmal die vollautomatische Version ausprobieren. Dazu gehen Sie folgendermaßen vor:

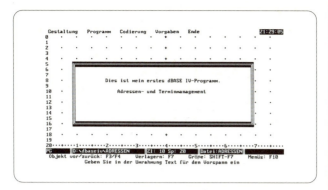

Abb. 16.2: Der Begrüßungsbildschirm

1. Betätigen Sie die <F10>-Taste zum Aufruf des Menüs.

2. Wählen Sie das "Programm"-Menü und darin die Option "Standardprogramm erstellen". Drücken Sie die <Return>-Taste.

3. Jetzt können Sie die wichtigsten Formulare für Eingabe, Bericht und Etiketten definieren (s. Abb. 16.3). In jedem Feld können Sie sich mit Hilfe der Tastenkombination <Shift><F1> eine Liste aller verfügbaren Dateien anzeigen lassen.

Formulare bestimmen

4. Betätigen Sie nach der Eingabe aller Daten wie in Abb. 16.3 die Tastenkombination <Ctrl><End>. Bestätigen Sie die Sicherheitsabfrage mit der Option "Ja". Damit startet die Generierung Ihres Programms.

Nach kurzer Zeit meldet dBASE IV:

```
Codierung abgeschlossen -
Weiter mit beliebiger Taste ...
```

Betätigen Sie daraufhin eine beliebige Taste. Es erscheint wieder das Menü.

Damit sind wir fertig und verlassen jetzt den Programmgenerator. Wählen Sie "Ende" und anschließend "Speichern und beenden" an.

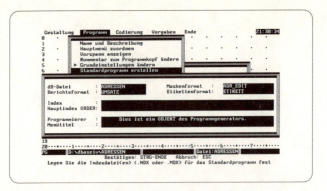

Abb. 16.3: Die vollautomatische Programmgenerierung

Programm aufrufen

Sie befinden sich jetzt wieder im Regiezentrum. In der "Programme"-Spalte ist Ihr Programm jetzt eingetragen und damit verfügbar. Starten Sie es, indem Sie die Option "ADRESSEN" in der "Programme"-Spalte anwählen.

Daraufhin erscheint ein Fenster, in dem Sie wählen können, ob Ihr Programm ablaufen soll, oder ob Sie es verändern wollen.

Wählen Sie "Anwendung starten", und betätigen Sie die <Return>-Taste. Die Sicherheitsabfrage bestätigen Sie mit "Ja".

Nun kompiliert dBASE IV Ihr Programm und nach wenigen Sekunden erscheint das Hauptmenü Ihrer ersten kleinen Adreßverwaltung in dBASE IV auf dem Bildschirm.

Zusammenfassung

Sie sehen, so dauert die Generierung eines Programms wirklich nur wenige Minuten.

Zwar ist dieses Programm voll funktionsfähig, doch meistens genügt es den individuellen Ansprüchen nicht.

Deshalb erläutern wir im folgenden Schritt, wie Sie sich ein eigenes Menü nach Ihren Wünschen aufbauen können.

Schritt 17:
Verbesserungen

Inhalt

In diesem Schritt wollen wir Ihnen einen Eindruck vermitteln, wie Sie optimale Anwendungen mit dem Programmgenerator von dBASE IV erstellen können. Programmieren brauchen Sie dafür nicht. Sie müssen lediglich wissen, was Ihr Programm können soll und wie die Listen, die ausgegeben werden sollen, aussehen.

Zuerst definieren wir ein Menü mit den ganzen Programmfunktionen. Anschließend bestimmen wir für jeden Menüpunkt, welche Funktion er ausführen soll. Dies alles geschieht im Dialog, ohne daß Sie eine einzige Programmzeile von Hand schreiben müssen. Wir werden hier bei unserem Beispiel das im letzten Schritt erstellte Programm ändern, indem wir es mit einem neuen Hauptmenü versehen.

Eigenes Menü definieren

Zuerst rufen wir das erstellte Programm zum Ändern auf. Dazu gehen sie folgendermaßen vor:

1. Wählen Sie in der "Programme"-Spalte die Option "ADRESSEN". Betätigen Sie die <Return>-Taste.

2. In dem daraufhin erscheinenden Fenster wählen Sie die Option "Ändern".

Daraufhin erscheint der Startbildschirm, den Sie definiert haben. Diesen lassen wir so wie er ist. Zum Definieren Ihres Menüs gehen Sie so vor:

1. Rufen Sie mit der <F10>-Taste das Menü auf. Wählen Sie "Gestaltung" und "Pop-up-Menü".

2. In dem daraufhin erscheinenden Fenster bestätigen Sie die Option "neu" mit der <Return>-Taste.

3. Jetzt fragt dBASE IV nach dem Namen für das Menü. Geben Sie ein:

    ADRESS

    Betätigen Sie die Tastenkombination <Ctrl><End>

4. Danach erscheint auf dem Bildschirm ein leeres Fenster. In dieses Fenster schreiben wir jetzt einfach die Menüoptionen hinein. Die Position, an der dieses Fenster jetzt steht, ist auch die Position, an der es nachher im Programm erscheint.

Sie können mit den Tasten <F6> und <F7> sowie <Shift><F7> die Größe und die Position des Fensters so verschieben, wie Sie es schon mit Feldern bei den Berichten getan haben. Dies ist aber im Moment nicht notwendig. Tragen Sie jetzt einfach folgende Menüoptionen ein:

    Adressen eingeben
    Adressen ändern
    Umsatzliste drucken
    Etiketten drucken
    Ende

Dies sollte dann so aussehen wie in der Abb. 17.1. Jetzt müssen wir für jede dieser fünf Menüoptionen bestimmen, was passieren soll, wenn sie angewählt werden. Dazu gehen Sie so vor:

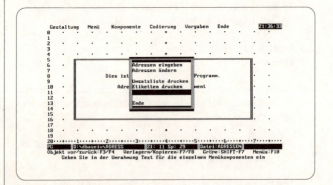

Abb. 17.1: Das Definieren des Menüs

Adressen eingeben

1. Setzen Sie den Cursor auf die erste Option "Adressen eingeben".

2. Rufen Sie das Menü mit der <F10>-Taste auf, und wählen Sie im "Komponente"-Menü die Option "Aktion ändern" aus. Diese Option dient dazu, die Aktion festzulegen, die bei der Ausführung eines Menüpunktes ablaufen soll.

3. Nach Betätigung der <Return>-Taste erscheint ein weiteres Fenster, in dem die verschiedenen verfügbaren Aktionen angezeigt werden. Wir wählen die Option "Einzelsatzdarstellung/EDIT", da diese dazu dient, Daten mit Hilfe des "Edit"-Bildschirms einzugeben oder zu bearbeiten.

4. Daraufhin erscheint ein Fenster wie in der Abb. 17.2. Hier legen Sie noch einige Parameter für diese Aktion fest. Für die Eingabe von Adressen ist vor allem das erste Eingabefeld interessant. Hier können Sie die zu verwendende Bildschirmmaske definieren. Wir haben ja im Schritt 11 eine schöne Eingabemaske definiert, die wir jetzt auch benutzen wollen. Dazu rufen Sie mit der Tastenkombination <Shift><F1> die Liste aller verfügbaren Masken auf. Wählen Sie die Option "ADR_EDIT", und betätigen Sie die <Return>-Taste.

Eingabeformular festlegen

Abb. 17.2: Die Bestimmung der Aktion bei "Adressen eingeben"

5. Mehr brauchen wir für das Eingeben von Adressen gar nicht zu definieren. Schließen Sie daher die Eingabe mit der Tastenkombination <Ctrl><End> ab, und betätigen Sie anschließend die <Esc>-Taste.

Adressen ändern

Jetzt sehen Sie wieder Ihr Menü auf dem Bildschirm. Die nächste Aktion definieren wir für "Adressen ändern":

1. Setzen Sie den Cursor auf die zweite Option "Adressen ändern".

2. Rufen Sie das Menü mit der <F10>-Taste auf, und bestätigen Sie die Option "Aktion ändern" mit der <Return>-Taste.

3. Wir wählen wieder die Option "Einzelsatzdarstellung/ EDIT", da diese auch dazu dient, Daten mit Hilfe des "Edit"-Bildschirms zu bearbeiten.

4. Im ersten Eingabefeld legen wir wieder die zu verwendende Bildschirmmaske fest. Wir benutzen wieder die gleiche Maske wie bei der Eingabe der Adressen. Dazu rufen Sie mit der Tastenkombination <Shift><F1> die Liste aller verfügbaren Masken auf. Wählen Sie die Option "ADR_EDIT", und betätigen Sie die <Return>-Taste.

5. Setzen Sie den Cursor jetzt in das nächste Eingabefeld "Modus". Hier legen Sie fest, ob Adressen neu eingegeben oder geändert werden sollen. Dazu können Sie mit Hilfe der Leertaste zwischen "ANFÜGEN" und "BEARBEITEN" hin- und herschalten. Betätigen Sie einmal die Leertaste, so daß in diesem Feld die Option "BEARBEITEN" erscheint.

6. Mehr brauchen wir für das Ändern von Adressen nicht zu definieren. Schließen Sie daher die Eingabe mit der Tastenkombination <Ctrl><End> ab, und betätigen Sie anschließend die <Esc>-Taste.

Umsatzliste drucken

In Ihrem Menü ist als nächstes die Option "Umsatzliste drucken" an der Reihe. Gehen Sie so vor:

1. Setzen Sie den Cursor auf die dritte Option "Umsatzliste drucken".

2. Rufen Sie das Menü mit der <F10>-Taste auf, und bestätigen Sie die Option "Aktion ändern" mit der <Return>-Taste.

3. Wir wählen jetzt die Option "Anzeigen oder Drucken", die für alle Druckausgaben zuständig ist.

4. Bestätigen sie die Option "Bericht" mit der <Return>-Taste.

5. Daraufhin erscheint wieder ein Eingabebildschirm. Im Eingabefeld "Berichtsformat" legen wir den zu verwendenden Bericht fest. Dazu rufen Sie mit der Tastenkombination <Shift><F1> die Liste aller verfügbaren Berichts auf. Wählen Sie die Option "UMSATZ", und betätigen Sie die <Return>-Taste.

6. Setzen Sie den Cursor jetzt in das Eingabefeld "Ausgabe an". Hier legen Sie fest, wohin die Ausgabe geleitet wird. So ist es zum Beispiel möglich, die Ausgabe auf den Bildschirm umzuleiten. Mit Hilfe der Leertaste können Sie die verschiedenen Optionen anwählen.

Ausgabe wahlweise auf Bildschirm oder Drucker

Betätigen Sie so oft die Leertaste, bis die Option "AUSWAHLMENÜ" erscheint. Dies bewirkt, daß bei Aufruf dieses Menüpunktes immer eine Abfrage erscheint, in der der Anwender festlegen kann, ob gedruckt, auf Bildschirm ausgegeben oder in eine Datei geschrieben werden soll.

7. Damit haben wir auch schon alles Notwendige definiert. Schließen Sie daher die Eingabe mit der Tastenkombination <Ctrl><End> ab, und betätigen Sie anschließend die <Esc>-Taste.

Etiketten drucken

Die nächste Option ist für das Drucken von Etiketten verantwortlich. Gehen Sie folgendermaßen vor:

1. Setzen Sie den Cursor auf die vierte Option "Etiketten drucken".

2. Rufen Sie das Menü mit der <F10>-Taste auf, und bestätigen Sie die Option "Aktion ändern" mit der <Return>-Taste.

3. Wir wählen wieder die Option "Anzeigen oder Drucken", die für alle Druckausgaben zuständig ist.

4. Bestätigen Sie die Option "Etiketten" mit der <Return>-Taste.

Etikettenformat

5. Daraufhin erscheint wieder ein Eingabebildschirm. Im Eingabefeld "Etikettenformat" legen wir das zu verwendende Etikettenformat fest. Dazu rufen Sie mit der Tastenkombination <Shift><F1> die Liste aller verfügbaren Etikettenformate auf. Wählen Sie die Option "ETIKETT", und betätigen Sie die <Return>-Taste.

6. Setzen Sie den Cursor jetzt wieder in das Eingabefeld "Ausgabe an". Auch beim Etikettendruck sollen Sie nachher bestimmen können, wohin die Ausgabe geleitet wird. Betätigen Sie so oft die Leertaste, bis die Option "AUSWAHLMENÜ" erscheint.

7. Damit haben wir auch schon alles Notwendige definiert. Schließen Sie daher die Eingabe mit der Tastenkombination <Ctrl><End> ab, und betätigen Sie anschließend die <Esc>-Taste.

Programm beenden

Zum Schluß müssen wir dem Anwender Ihres Programms bzw. Ihnen auch noch die Chance geben, das Programm ordnungsgemäß zu beenden. Dazu dient die letzte Programmoption. Wie dies funktioniert, müssen wir dBASE IV natürlich auch mitteilen. Gehen Sie folgendermaßen vor:

1. Setzen Sie den Cursor auf die letzte Option "Ende".

2. Rufen Sie das Menü mit der <F10>-Taste auf, und wählen Sie die Option "Beenden". Betätigen Sie die <Return>-Taste.

3. Daraufhin erscheint ein kleines Menü, in dem Sie festlegen können, ob nach Beendigung Ihrer Adreßverwaltung auf die Betriebssystemebene (DOS) zurückgekehrt werden soll oder ob das aufrufende Programm, z.B. das Regiezentrum, wieder aktiviert werden soll. Wir entscheiden uns für die letztere Option, indem Sie "Rückkehr zum aufrufenden Programm" anwählen und mit der <Return>-Taste bestätigen.

4. Die daraufhin erscheinende Sicherheitsabfrage beantworten Sie mit "OK".

Programm abspeichern

Damit ist die Definitionsphase auch schon abgeschlossen. Allen Menüpunkten ist eine Aktion zugeordnet worden. Wir sollten jetzt diese ganzen Eingaben sichern, indem wir das Programm speichern. Anschließend rufen wir die Generierung des Programms auf.

1. Wählen Sie das "Menü"-Menü auf.

2. Dort rufen Sie die Option "Speichern des aktuellen Menüs" auf und betätigen die <Return>-Taste.

Damit ist dieses Menü mit allen seinen Aktionen auf Festplatte gespeichert.

Programm generieren

Jetzt lassen wir den Programmgenerator arbeiten. Er muß aus all den Eingaben, die wir in diesem Schritt gemacht haben, ein lauffähiges dBASE IV-Programm schreiben.

Dazu gehen Sie folgendermaßen vor:

1. Wählen Sie das "Codierung"-Menü und dort die Option "Start der Codierung"an.

2. Daraufhin erscheint eine Eingabemaske wie in der Abb. 17.3. Sie müssen hier festlegen, welches Menü das Hauptmenü ist. Dazu geben Sie zuerst den Menütyp an. Betätigen Sie so oft die Leertaste, bis im ersten Eingabefeld der Text "POP-UP" erscheint. Wie Sie sich sicher erinnern, haben wir zu Beginn dieses Schrittes festgelegt, daß wir ein Popup-Menü definieren wollen.

"POP-UP"-Menü

3. Im nächsten Feld müssen Sie den Namen des Menüs eintragen. Rufen Sie hier einfach wieder mit der Tastenkombination <Shift><F1> eine Liste aller verfügbaren Pop-up-Menüs auf. Wählen Sie aus dieser Liste die Option "ADRESS", und betätigen Sie die <Return>-Taste.

4. Beenden Sie die Eingabe mit der Tastenkombination <Ctrl><End>.

5. Da ja schon aus dem letzten Schritt ein Programm mit dem Namen "ADRESSEN" existiert, und wir es in diesem Schritt geändert haben, fragt dBASE IV jetzt nach, ob wir das alte Programm überschreiben wollen. Dies bestätigen Sie bitte mit der Option "Ja".

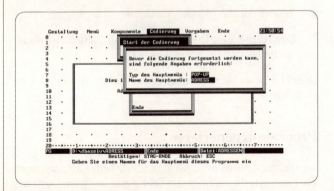

Abb. 17.3: Die Generierung des Programms

Daraufhin schreibt der Programmgenerator von dBASE IV ein lauffähiges dBASE-Programm aus den Eingaben, die Sie in diesem Schritt gemacht haben. Nach ein paar Sekunden erscheint die Meldung:

```
Codierung abgeschlossen.
Weiter mit beliebiger Taste ...
```

Dies bedeutet, daß die Generierung Ihres Programms fehlerfrei beendet wurde. Betätigen Sie jetzt eine Taste. Es erscheint wieder das Menü des Programmgenerators. Wählen Sie jetzt "Ende" und anschließend "Speichern und beenden". Damit wird alles gespeichert, und dBASE IV kehrt in das Regiezentrum zurück.

Programm aufrufen

Ihr Programm ist jetzt fertig und kann gestartet werden. Dazu wählen Sie die Option "ADRESSEN" in der "Programme"-Spalte an.

Bestätigen Sie die Option "Anwendung starten" mit der <Return>-Taste und danach die Sicherheitsabfrage mit "Ja". Nach wenigen Sekunden erscheint das Hauptmenü Ihres erstellten Programms. Probieren Sie jetzt ruhig alle Optionen nacheinander aus. Sie werden sehen, daß alles einwandfrei funktioniert.

Abb. 17.4: Das Hauptmenü Ihres Programms

Zusammen-
fassung

Mit Sicherheit genügt dieses Programm noch nicht allen Ihren Anforderungen. Doch mit Hilfe des Programmgenerators ist es sehr leicht, weitere Optionen in das Menü einzubauen. So können Sie sich Ihre persönliche Anwendung erstellen, die nachher so einfach zu bedienen ist, daß auch andere damit umgehen können. Grenzen setzt nur Ihre Phantasie.

Damit schließen wir diesen Schritt ab. Sie kennen jetzt die Grundlagen zum Umgang mit dem Programmgenerator von dBASE IV. Im nächsten Schritt erläutern wir, wie Sie Daten aus anderen Programmen in Ihre Adreßverwaltung hineinbekommen.

Schritt 18:
Im-/Export

Die Im- und Exportfunktionen von dBASE IV dienen dazu, Daten mit anderen Programmen auszutauschen. So lassen sich zum Beispiel die Umsatzdaten aus der Adreßdatei exportieren, um sie in einer Tabellenkalkulation wie Lotus oder Framework statistisch auszuwerten. Genau dies werden wir in diesem Schritt üben, nachdem Sie die Im- und Exportmöglichkeiten im Überblick kennengelernt haben.

Inhalt

Der Import

Das Problem beim Importieren wie auch beim Exportieren sind die verschiedenen Dateiformate der einzelnen Programme. dBASE IV bietet eine Reihe von Dateiformaten an, die es automatisch in sein eigenes Dateiformat konvertiert. Dabei erkennt dBASE IV die verschiedenen Typen anhand der Namenserweiterungen (zum Beispiel .db2 für dBASE II-Dateien). Die Daten folgender Programme konvertiert dBASE IV automatisch:

Dateiformate

RapidFile

Importiert Daten aus Dateien mit der Namenserweiterung .rpd.

dBASE II

Importiert Daten aus Dateien mit der Namenserweiterung .db2. Daher müssen Sie die dBASE II-Dateien, die normalerweise die Namenserweiterung .dbf haben, vorher in .db2 umbenennen.

Framework II

Importiert Daten aus Dateien, die die Namenserweiterung .fw2 haben.

Lotus 1-2-3

Importiert Daten aus Dateien mit der Namenserweiterung .wk1. Wenn Sie Daten aus älteren Lotus 1-2-3-Versionen (mit der Namenserweiterung .wks) importieren wollen, benutzen Sie die Option "Dateisätze aus Fremddateien kopieren" im "Hinzufügen"-Menü des Gestaltungs-Bildschirms.

PFS:FILE

Importiert Daten aus Dateien ohne Namenserweiterung. Nach der Auswahl dieser Option sehen Sie eine Liste aller Dateien, die keine Namenserweiterung besitzen. Sie sind selber dafür verantwortlich, daß Sie eine Datei im richtigen Format auswählen. Beim Import einer PFS:FILE-Datei werden .dbf-, .vue und .fmt-Dateien erzeugt.

Bei allen Importen übernimmt dBASE IV so viele Felder wie möglich. Dabei erzeugt dBASE IV eine Datei mit dem Namen der Importdatei, aber mit der Namenserweiterung .dbf. Sollte eine .dbf-Datei mit diesem Namen bereits existieren, fragt dBASE IV, ob es diese überschreiben soll.

Import einer Lotus 1-2-3-Datei

Am Beispiel des Imports einer Lotus 1-2-3-Datei wollen wir das Einlesen von Daten Schritt für Schritt üben:

1. Vom Regiezentrum aus rufen Sie mit der <F10>-Taste das Menü auf.

2. Wählen sie das "Diverses"-Menü und dort die Option "Lesen von Fremdformatdateien".

3. Daraufhin erscheint ein Fenster, in dem die verfügbaren Dateien angezeigt werden. Die Option "übergeordnet" dient dazu, in das übergeordnete Verzeichnis zu wechseln. Von dort aus rufen Sie das Lotus-Verzeichnis aus. Anschließend wählen Sie in diesem Verzeichnis die gewünschte Datei und betätigen die <Return>-Taste.

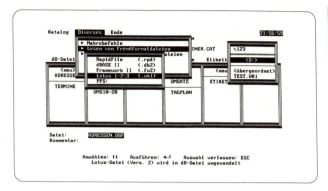

Abb. 18.1: Das Importieren einer Lotus 1-2-3-Datei

Der Rest geht vollautomatisch. dBASE IV liest die Daten ein und erzeugt eine Datei mit dem gleichen Namen, aber der Namenserweiterung .dbf. Diese Datei können Sie wie jede von Ihnen selbst erstellte Datei bearbeiten.

Export

Beim Export bietet dBASE IV noch einige Dateiformate mehr an. Folgende Formate werden unterstützt:

RapidFile

Exportiert Daten in eine Datei mit der Namenserweiterung .rpd.

dBASE II

Exportiert Daten in eine Datei mit der Namenserweiterung .db2.

Framework II

Exportiert Daten in eine Datei mit der Namenserweiterung .fw2.

Lotus 1-2-3

Exportiert Daten in eine Datei mit der Namenserweiterung .wks.

VisiCalc

Exportiert Daten in eine Datei mit der Namenserweiterung .dif.

PFS:FILE

Exportiert Daten in eine Datei ohne Namenserweiterung.

SYLK-Multiplan

Exportiert Daten in eine Datei ohne Namenserweiterung, die von Multiplan gelesen werden kann.

Textdatei mit fester Feldlänge

Exportiert Daten in eine Datei mit der Namenserweiterung .txt. Alle Felder in der neuen Datei haben die gleiche Länge.

Abgrenzung mit Leerzeichen

Exportiert Daten in eine Datei mit der Namenserweiterung .txt. Die Felder sind durch Leerzeichen getrennt.

Leerzeichen zur Abgrenzung

Exportiert Daten in eine Datei mit der Namenserweiterung .txt. Die Felder sind durch ein von Ihnen festzulegendes Zeichen getrennt.

Zusammen-
fassung

Damit haben Sie das Wichtigste über Im- und Export von Daten unter dBASE IV gelernt. Wenn Sie andere Dateiformate benötigen, werden Sie programmieren müssen. Dazu sei auf die Original-Handbücher oder Sekundärliteratur verwiesen.

Schritt 19:
Makros

dBASE IV bietet recht komfortable Möglichkeiten Makros zu erstellen, die einem Routinearbeiten abnehmen können. Es gibt einen Makrorecorder, der jeden Tastendruck aufzeichnet.

Inhalt

Danach können Sie diese Tastenbetätigungen abspielen, können aber auch das Makro wieder ändern. Außerdem bietet dBASE IV Bibliotheken an, von denen jede 35 Makros speichern kann.

Bibliotheken

Sie können so viele Bibliotheken anlegen, wie auf Ihre Festplatte passen. Die Tabelle 19.1 zeigt Ihnen, welche Optionen die Makrofunktion von dBASE IV bietet.

Funktion	*Bedeutung*
Beginn der Aufzeichnung	schaltet den Makrorecorder ein.
Ende der Aufzeichnung	schaltet den Makrorecorder aus.
Makro erweitern	hängt Tasten an ein Makro an.
Pause zur Eingabe vorsehen	erlaubt Eingaben vom Anwender beim Ablauf des Makros.
Ändern	ändert ein bestehendes Makro.
Umbenennen	ändert den Namen eines Makros.
Löschen	löscht ein Makro.
Kopieren	kopiert ein Makro.
Ausführen	zeigt alle Makros an.
Verfolgen	zeigt beim Ablauf eines Makros die Tasten an.
Öffnen und speichern der Bibliothek	lädt und speichert eine Library.

Tab. 19.1: Die Makrofunktionen von dBASE IV

In diesem Schritt lernen Sie, wie der Makrorecorder benutzt wird.

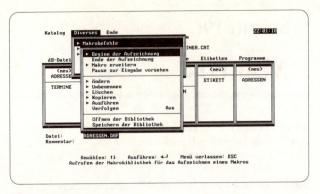

Abb. 19.1: Das Makros-Menü

Makro aufzeichnen

Gehen wir davon aus, daß Sie immer wieder die Adreßdatei aufrufen und neue Daten eingeben müssen. Dazu sind eine Reihe von Tastenbetätigungen notwendig, die sich immer wiederholen. Zuerst schalten wir den Makrorecorder ein:

Makrotasten

1. Rufen Sie mit der <F10>-Taste das Hauptmenü und dort das "Diverses"-Menü auf.

2. Im "Diverses"-Menü wählen Sie die Option "Makrobefehle". Daraufhin erscheint das "Makrobefehle"-Menü wie in der Abb. 19.1.

3. Wählen Sie die Option "Beginn der Aufzeichnung". Daraufhin erscheint ein weiteres Menü, in dem Sie die Taste bestimmen, durch die das Makro nachher aufgerufen wird. (s. Abb. 19.2) Wir nehmen die "F1"-Taste. Betätigen Sie also die Taste <F1>.

4. Ab jetzt zeichnet der Makrorecorder alle Tastenbetätigungen auf. Grundsätzlich sollten Sie bei Makros immer darauf achten, daß die Tasten, die Sie betätigen, eindeutig sind. Cursortasten sind daher meistens tabu, da Sie nie genau wissen, wo der Cursor steht. Daher wählen wir die Option "ADRESSEN" jetzt auch nicht mit der Cursortaste an, sondern betätigen Sie die Taste <A>.

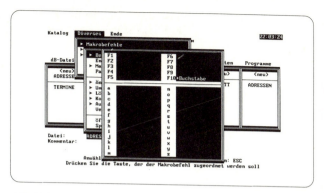

Abb. 19.2: Die Auswahl der Makrotaste

Folgendermaßen gehen Sie jetzt vor:

    <A>   zum Auswählen von "ADRESSEN".
    <Return>   bestätigt die Option "Datei öffnen".
    <F2>   schaltet den Browse-Modus ein.
    <Ctrl><PgDn> ruft den letzten Datensatz auf.

5. Jetzt beenden Sie die Aufzeichnung des Makrorecorders, indem Sie die Tastenkombination <Shift><F10> und anschließend die <Return>-Taste betätigen.

Makro aufrufen

Damit haben Sie jetzt ein Makro erstellt, das Sie immer nach dem Starten von dBASE IV aufrufen können. Gehen Sie jetzt zurück in das Regiezentrum und schließen Sie die Datei "Adressen".

Anschließend betätigen Sie die Tastenkombination <Alt> <F1>. Daraufhin führt dBASE IV alle oben eingegebenen Funktionen blitzschnell aus.

Makros automatisieren nicht nur Programmabläufe; auch sich häufig wiederholende Eingaben, wie zum Beispiel

    4000 Düsseldorf

Zusammenfassung

lassen sich damit abkürzen. Erst beim Experimentieren mit dieser Funktion werden Sie feststellen, welche große Hilfe Makros sind.

Schritt 20:
DOS-Utilities

Die DOS-Utilities von dBASE IV erlauben es Ihnen, auf die Dateien der Festplatte komfortabel Einfluß zu nehmen. Eine menügesteuerte Oberfläche dient zum Kopieren, Löschen, Anschauen, Sortieren und Ändern von Dateien. Sie können sogar direkt auf die Betriebssystemebene verzweigen und von dort mit dem Befehl "Ende" wieder in dBASE IV zurückkehren.

Inhalt

Aufruf der Dateiliste

1. Vom Regiezentrum rufen Sie mit der Tastenkombination <Alt><T> das "Diverses"-Menü auf.

2. Wählen Sie die Option "DOS-Betriebssystem", und betätigen Sie die <Return>-Taste. Daraufhin erscheint ein Bildschirm wie in der Abb. 20.1.

Mit den Cursortasten können Sie die Anzeige verschieben, so daß weitere Dateien angezeigt werden.

Funktion	Bedeutung
Verzeichnis-diagramm	zeigt grafisch die Dateistruktur an.
Betriebssystem aufrufen	verzweigt auf die Betriebssystemebene.
Sortieren	sortiert die Anzeige nach Name, Erweiterung, Datum oder Größe.
Markieren	markiert Dateien.
Löschen	löscht Dateien.
Kopieren	kopiert Dateien.
Verlagern	verschiebt Dateien in andere Verzeichnisse.
Umbennen	benennt Dateien um.
Ansehen	zeigt Dateien an.
Bearbeiten	erlaubt das Ändern von Dateien.

Tab. 20.1: Die DOS-Utilities

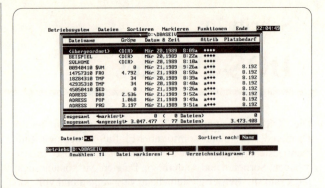

Abb. 20.1: Die Dateiliste

Auf diesem Schirm sehen Sie eine Liste aller Dateien im aktuellen Verzeichnis. Angezeigt werden neben dem Namen der Datei die Größe in Bytes, Datum und Uhrzeit der Erstellung bzw. letzten Änderung, der Status der Attribute sowie wieviel Speicher jede Datei auf der Festplatte belegt.

Die Tabelle 20.1 gibt Ihnen einen Überblick, welche Optionen die DOS-Utilities bieten

Datei ansehen

Zum Schluß wollen wir uns noch die Datei "Adressen.txt" ansehen, die wir ja im Schritt 18 per Export erstellt haben. Dazu gehen Sie folgendermaßen vor:

1. Setzen Sie den Cursor auf "ADRESSEN.TXT".

2. Rufen Sie das Menü mit der <F10>-Taste, anschließend das "Funktionen"-Menü und die Option "Ansehen" auf.

Daraufhin wird der Inhalt der Datei, die beiden von Ihnen eingegebenen Adressen, angezeigt.

Zusammenfassung

Damit sind wir am Ende des Quickstarts dBASE IV angelangt. Sie haben die wichtigsten Funktionen und Neuerungen von dBASE IV kennengelernt, die für die tägliche Arbeit notwendig sind. Die Kenntnisse, die Sie erworben haben, genügen mit Sicherheit für die Arbeit, die Sie täglich mit dBASE IV ausführen.

Anhang
Die SET-Befehle

Diese Befehlsgruppe beeinflußt die Arbeitsumgebung von dBASE IV. Alle diese Befehle können Sie vom Prompt aus eingeben. Dazu schalten Sie das Kontrollzentrum mit der <Esc>-Taste ab. Sie gelangen nach der Eingabe des Befehls mit dem "ASSIST"-Befehl wieder in das Kontrollzentrum zurück.

SET

Ruft das SET-Menü auf.

SET ALTERNATE on|OFF

SET ALTERNATE TO [Dateiname] [ADDITIVE]

Leitet alle Bildschirmausgaben in eine Textdatei um.

SET AUTOSAVE on|OFF

Die Option ON bewirkt, daß jeder Datensatz sofort auf Diskette gesichert wird.

SET BELL ON|off

SET BELL TO [<Frequenz>,<Dauer>]

Steuert das akustische Warnsignal von dBASE IV.

SET BLOCKSIZE TO <Nummer>

Beeinflußt die Blockgröße für Memofelder. Erlaubte Werte sind 1 bis 32.

SET BORDER TO [SINGLE|DOUBLE|PANEL| NONE|<Zeichenkette>]

Definiert das Aussehen von Rahmen.

SET CARRY on|OFF

SET CARRY TO [<Feldliste> [ADDITIVE]]

Dieser Befehl kopiert die angegebenen Feldinhalte aus dem vorherigen Datensatz in den aktuellen.

SET CATALOG on|OFF

SET CATALOG TO [<Dateiname>|?]

Mit diesem Befehl wird ein Katalog definiert, bestimmt und ein- oder ausgeschaltet.

SET CENTURY on|OFF

Schaltet die Anzeige von Jahrhunderten ein oder aus.

SET CLOCK on|OFF

SET CLOCK TO [<Reihe>,<Spalte>]

Schaltet die Uhrzeitanzeige an und aus und bestimmt die Position der Uhrzeitanzeige auf dem Bildschirm.

SET COLOR ON|OFF

SET COLOR TO [[<standard>] [,[<enhanced>] [, [<perimeter>] [,[<background>]]]]]

Beeinflußt die Einstellung der Farben für verschiedene Grafikmodi.

SET CONFIRM on|OFF

Dieser Befehl bestimmt, ob der Cursor beim letzten Zeichen eines Eingabefeldes in das nächste Feld springt oder stehenbleibt.

SET CONSOLE ON|off

Mit diesem Befehl bestimmen Sie innerhalb eines Programms, ob Ausgaben auf den Bildschirm zugelassen sind oder nicht.

SET CURRENCY TO [<Ausdruck>]

Bestimmt das Währungssymbol.

SET CURRENCY LEFT|right

Legt fest, ob das Währungssymbol vor oder hinter einer Zahl gedruckt wird.

SET DATE [TO] AMERICAN|ansi| british|french|german|italian| japan|usa|mdy|dmy|ymd

Legt die Darstellung des Datums fest.

SET DEBUG on|OFF

Dient zum Finden von Fehlern in Programmen. Es bestimmt, ob Ausgaben mit SET ECHO auf Bildschirm oder Drucker gegeben werden.

SET DECIMALS TO <Ausdruck>

Bestimmt die Anzahl von Nachkommastellen (zwischen 1 und 18).

SET DEFAULT TO <Laufwerk> [:]

Bestimmt das voreingestellte Laufwerk, auf dem alle Dateien gespeichert werden.

SET DELETED on|OFF

Bestimmt, ob als gelöscht gekennzeichnete Datensätze von anderen Befehlen berücksichtigt werden oder nicht.

SET DELIMITERS on|OFF

SET DELIMITERS TO <Ausdruck>|DEFAULT

Legt fest, wie die Breite von Feldern angezeigt wird.

SET DESIGN ON|off

Ermöglicht oder verhindert es, mit der Tastenkombination <Shift><F2> vom Kontrollzentrum in den Design-Bildschirm zu wechseln.

SET DEVELOPEMENT ON|off

Startet ein Prüfprogramm, das die Erstellungsdaten von Quell- und Objektdateien miteinander vergleicht.

SET DEVICE TO SCREEN|printer|file <Dateiname>

Bestimmt, ob @..SAY-Befehle auf Bildschirm, Drucker oder Datei ausgegeben werden.

**SET DISPLAY TO MONO|COLOR|EGA25
                |EGA43| MONO43**

Bestimmt den Bildschirmtyp und die Anzahl der dargestellten Zeilen.

SET DOHISTORY on|OFF

Wird in dBASE IV nicht benutzt. Dieser Befehl ist nur aus Kompatibilitätsgründen zu dBASE III PLUS noch vorhanden.

SET ECHO on|OFF

Dieser Befehl bewirkt, daß Programmzeilen beim Ablauf ausgegeben werden.

SET ENCRYPTION on|OFF

Erlaubt das Verschlüsseln von Dateien, die mit COYP, JOIN und TOTAL erzeugt werden.

SET ESCAPE ON|off

Bestimmt, ob Sie ein Programm durch das Betätigen der <Esc>-Taste unterbrechen dürfen oder nicht.

SET EXACT on|OFF

Bestimmt, ob beim Vergleich zweier Zeichenketten beide die gleiche Länge haben müssen, damit sie als gleich erkannt werden.

SET EXCLUSIVE on|OFF

Dieser Befehl erlaubt es, eine Datei im Multiuserbetrieb für nur einen Anwender zu öffnen.

SET FIELDS on|OFF

SET FIELDS TO [<Feld> [/R] | <errechnetes Feld> ...]
[,<Feld> [/R] |<errechnetes Feld> ...]

SET FIELDS TO ALL [LIKE|EXCEPT| <skeleton>]

Bestimmt, welche Felder einer Datei durch bestimmte Befehle bearbeitet werden dürfen.

SET FILTER TO [FILE <Dateiname> |?] [<Bedingung>]

Selektiert Datensätze, die eine bestimmte Bedingung erfüllen.

SET FIXED on|OFF

Wird in dBASE IV nicht benutzt. Dieser Befehl ist nur aus Kompatibilitätsgründen zu dBASE III PLUS noch vorhanden.

SET FORMAT TO [<Dateiname>|?>

Bestimmt die Bildschirmmaske, die für den READ-, EDIT, APPEND-, INSERT-, CHANGE- oder BROWSE-Befehl verwendet wird.

SET FULLPATH on|OFF

Bestimmt, ob der volle Datei- und Pfadname oder nur das Laufwerk und der Dateiname bei bestimmten Funktionen geliefert wird.

SET FUNCTION   <Ausdrucknummer>
** |<Ausdruckzeichen>**
** |<Taste> TO <Ausdruckzeichen>**

Dient zum Belegen von Funktionstasten mit Zeichenfolgen.

SET HEADING ON|off

Bestimmt, ob Spaltenüberschriften angezeigt werden oder nicht.

SET HELP ON|off

Bestimmt, ob ein Hilfefenster erscheint, wenn ein dBASE IV-Befehl vom Prompt aus falsch eingegeben wurde.

SET HISTORY ON|off

SET HISTORY TO <Ausdrucknummer>

Bestimmt, ob Befehle aufgezeichnet werden.

SET HOURS TO [12|24]

Bestimmt, ob die Uhrzeit im 12- oder 24-Stundenmodus angezeigt wird.

SET INDEX TO [?|<Dateinamen> [ORDER [TAG] <.ndx Dateiname> | <.mdx tagname> [OF <.mdx Dateiname>]]]

Dieser Befehl bestimmt Indexdateien.

SET INSTRUCT ON|off

Erlaubt die Anzeige von Meldungen.

SET INTENSITY ON|off

Bestimmt, ob Bildschirmattribute zur Unterscheidung von SAY- und GET-Feldern verwendet werden.

SET LOCK ON|off

Bestimmt, ob Datensätze im Multiuserbetrieb gesperrt werden, damit nicht zwei Anwender gleichzeitig auf einen Datensatz zugreifen können.

SET MARGIN TO <Ausdrucknummer>

Bestimmt den linken Rand für Ausdrucke.

SET MARK TO [<Ausdruckzeichen>]

Bestimmt das Trennzeichen zwischen Tag, Monat und Jahr bei der Datumsdarstellung.

SET MEMOWIDTH TO <Ausdrucknummer>

Bestimmt die Breite, mit der Memofelder ausgegeben werden.

SET MENU ON|off

Wird in dBASE IV nicht benutzt. Dieser Befehl ist nur aus Kompatibilitätsgründen zu dBASE III PLUS noch vorhanden.

SET MESSAGE TO [<Ausdruckzeichen>]

Gibt eine vom Anwender definierte Nachricht in der untenstehenden Bildschirmzeile aus, wenn SET STATUS auf ON geschaltet ist.

SET NEAR on|OFF

Bestimmt, ob der Datensatzzeiger hinter den nächstgrößeren Datensatz positioniert wird, wenn eine Suche mit einem Suchbegriff nicht erfolgreich war.

SET ODOMETER TO <Ausdrucknummer>

Bestimmt, in welchen Abständen die Anzeige der Datensatznummer bei bestimmten Befehlen aktualisiert wird.

SET ORDER TO [<Ausdrucknummer>]

**SET ORDER TO [TAG] Dateiname | <.mdx tagname>
              [OF <.mdx Dateiname>]**

Bestimmt, welcher Index der Hauptindex ist.

SET PATH TO [<Pfadliste>]

Bestimmt, welche Verzeichnisse in den Suchpfad aufgenommen werden.

SET PAUSE on|OFF

Bestimmt, ob die Ausgabe von Daten mit Hilfe des SQL SELECT-Befehls nach einer Bildschirmseite angehalten wird.

SET POINT TO [<Ausdruckzeichen>]

Bestimmt, welches Zeichen als Dezimalpunkt bzw. -komma benutzt wird.

SET PRECISION TO [<Ausdrucknummer>]

Bestimmt die Anzahl der Nachkommastellen, mit denen dBASE IV intern rechnet.

SET PRINTER on|OFF

SET PRINTER TO <DOS-Gerät>

**SET PRINTER TO \\ <Computername>
                \ <Druckername> = <Ziel>**

SET PRINTER TO \\SPOOLER

SET PRINTER TO \\CAPTURE

SET PRINTER TO FILE <Dateiname>

Bestimmt die Art der Druckausgabe.

SET PROCEDURE TO [<Prozedur-Dateiname>]

Dieser Befehl öffnet eine Prozedur-Datei.

SET REFRESH TO <Ausdrucknummer>

Bestimmt den Zeitraum, nach dem eine Datei auf Änderungen im Netzwerk geprüft wird.

SET RELATION TO [<Ausdruck>]

SET RELATION TO <Ausdrucknummer> INTO <alias> [,<Ausdrucknummer> INTO <alias>] ...

Verbindet zwei Dateien mit Hilfe eines Schlüsselbegriffes, der in beiden Dateien vorhanden ist.

SET REPROCESS TO <Ausdrucknummer>

Bestimmt die Anzahl der Versuche für eine Datensatzsperre im Netzwerk, bevor dBASE IV einen Netzwerkfehler meldet.

SET SAVETY ON|off

Dieser Befehl bestimmt, ob eine Warnung vor dem Überschreiben von Dateien ausgegeben wird.

SET SCOREBOARD ON|off

Bestimmt, ob der Einschaltzustand verschiedener Tasten auf dem Bildschirm angezeigt wird.

SET SEPARATOR TO [<Ausdruckzeichen>]

Bestimmt, durch welches Zeichen Tausenderstellen kenntlich gemacht werden.

SET SPACE ON|off

Bestimmt, ob nach "?"- oder "??"-Befehlen ein Leerzeichen gedruckt werden soll.

SET SQL on|OFF

Aktiviert den interaktiven SQL-Modus von dBASE IV.

SET STATUS ON|off

Bestimmt, ob die Statusanzeige angezeigt wird oder nicht.

SET STEP on|OFF

Schaltet die schrittweise Abarbeitung eines Programms ein oder aus.

SET TALK ON|off

Bestimmt, ob die Antwort bei bestimmten dBASE IV-Befehlen angezeigt wird.

SET TITLE ON|off

Bestimmt, ob die Abfrage nach dem Katalog bei einer neuen Datei erscheint.

SET TRAP on|OFF

Legt fest, ob der Debugger bei einem Fehler in einem Programm aufgerufen werden soll.

SET TYPEAHEAD TO <Ausdrucknummer>

Dieser Befehl bestimmt die Größe des Tastaturpuffers.

SET UNIQUE on|OFF

Legt fest, ob mehrere gleiche Indexeinträge in einer Indexdatei vorkommen dürfen.

SET VIEW TO <Query-Dateiname>

Führt einen Query aus.

SET WINDOW OF MEMO TO <Fenstername>

Bestimmt ein Fenster, in dem Memofelder editiert werden können.

Stichwortverzeichnis

Abfrage 33
  aufrufen 36
  mit Funktionen
    erstellen 43
  speichern 36
  zum Ändern
    aufrufen 49
Abfragen 11
Abfragen-Spalte 33
Abgrenzung mit
  Leerzeichen 114
Abspeichern 57
Absteigend ASCII 40
ADRESSEN -> PLZ 69
ADRESSEN
  -> VORNAME 69
Adreßfelder definieren 91
ADR_EDIT 57
Aktion ändern 103
Aktivierte Sicht 81
Anderen Katalog
  wählen 13
ANFÜGEN 104
Anordnung in
  Spalten 67, 75
Anwendung starten 100
Anzeigen 37
Anzeigen oder
  Drucken 105
ASSIST 12
Aufruf der Dateiliste 119
Ausdrucken 10
Ausgabe am
  Bildschirm 72
Ausgabe an 105
Ausgabefelder löschen 76

AUSWAHLMENÜ 105
Autoexec.bat 4
Automatisieren 97
  ändern 20, 37

BEARBEITEN 104
Begrüßungsbildschirm
  definieren 98
Beispieldaten 5
Benutzeroberfläche 8
Bericht 105
Bericht drucken 73, 80, 95
  mit Abfrage
    drucken 81
  speichern 72
Bericht Zusammenfassung
  Bereich 77
Berichte 11, 33, 67
Berichtsformat 105
Betriebssystemebene 119
Bibliotheken 115
Bildschirm 7, 72
Browse 26

Config.sys 4
CTOD 44

Darstellungsart 63
DATE 45
Datei ansehen 120
  erstellen 13
  hinzufügen 50
  öffnen 23
Dateien koppeln 51
Datensätze aus Fremddateien
  kopieren 112

Dateistruktur drucken 17
Daten ändern 30
Daten Bereich 69
   eingeben 23
   löschen 30
   sortiert abfragen 35
   suchen 27
Datenbanken 12
Datensätze zum Löschen
   markieren 30
DATE-Funktion 92
Datum 5, 15, 44, 92
dBASE II 111, 113
dB-Bezugsfeld 79
dB-Dateien 11, 24
dB-Datei/Sicht 98
Del 30
Dez 14
Dezimalstellen 14
Diverses 112, 116
Doppelte Linie 63
DOS 2
DOS-Utilities 119
Drucker 3
   einstellen 71
Druckerparameter
   bestimmen 93
Durchschnittlichen Umsatz
   anzeigen 78

Edit-Bildschirm 23
Eigenes Menü
   definieren 101
Einfache Linie 62
Eingabeformular 55
Eingabemaske 57
Einzelsatzdarstellung
   /EDIT 103
Endgültig löschen 31
Erledigt 46
Erstellung einer Datei 13
Etikett vergrößern 87
Etiketten 11, 83

Etiketten drucken
   83, 88, 106
Etikettendefinition
   aufrufen 83
Export 113

<F10>-Taste 7
Feinarbeiten 57
Feld hinzufügen 21
   löschen 21, 61
   verlängern 69
   verschieben 55
Feldbreite 14
Felder 77
Felder ändern 19
   definieren 83
   hinzufügen 50
   löschen 75
   verschieben 59
Feldname 14
Feldtyp 14
Festplatte 1
Filter 33
Format speichern 71
Formelfeld 77
Framework II 113, 113
Fristdatum 28
Funktionen 43
Funktionen-Menü 120

Generator 97
Gestaltung 101
Gestaltungs-Bildschirm 28
Gleit 15
Größe der Seite 71
Großschrift 14
Grunddefinitionen
   einsetzen 97

Hardware-Voraus-
   setzungen 2
Hilfesystem 9
Hinzufügen 77

Hinzufügen einer Datei 50
Hinzufügen von
 Feldern 50
Hinzufügen-Menü 112

IBM-Grafikdrucker 3
Import 111
Import einer LOTUS 1-2-3-
 Datei 112
Index 14
 ändern 20
Indexfeld 27
Inhalt 10
Installation 2

Joker 34

KALK'FELD 86
Katalog-System 8
Katalog, anderen
 wählen 13
Kodierung 108
Kodierung
 abgeschlossen 99
Kombinierte Suche 39
Komponente 103
Kopfzeile 76
Kopie 1
Kopieren der Original-
 Disketten 1
Koppeln durch Zeigen 51

Länge 14
 ändern 20
Leerzeichen zur
 Abgrenzung 114
Leerzeile einfügen 70
Lesen von Fremdformat-
 dateien 112
Linie 63
 doppelt 63
 einfach 62
 ziehen 63

LINK1 51
Linken 51
Liste aller Dateien 120
Logisch 15
LOTUS 1-2-3 112, 114
Löschen der markierten
 Datensätze 31
 endgültig 31
 rückgängig machen 31
Löschmarken aufheben 31
 setzen 30
LPT1 3

Makrobefehle 116
Makros 115
 aufrufen 117
 aufzeichnen 116
Makros-Menü 116
Markierenmodus 56
markiert 30
Markierte Datensätze
 löschen 31
Maske benutzen 57, 65
Masken 11
Maskengenerator 56
Massendrucksache 35
Memo 15
Memofeld 21
Menü definieren 101
Menüs 8
Menü-Menü 107
Mit Druckformat 94
Mittelwert 79
Movemodus 56

Nach Druck 71
Nachkommastellen 78
Nachrichtenzeile 7
Namen ändern 19
Navigationszeile 7
neu 13
NOTIZEN 21
numerisch 15

Nur erledigte Termine
    anzeigen 46

ODER-Verknüpfung 39
Operator 34

Pack 32
Packen 30
Per Index suchen 28
PFS:FILE 112, 114
POP-UP 108
Pop-up-Menü 101
Position 102
Postleitzahl 86
Programm 97
    abspeichern 107
    aufrufen 100, 109
    generieren 98
Programme 11
Programmgenerator 97
    aufrufen 97
Programmieren 101
Prompt 11

Quell-Diskette 1
Queries by example 33

Rahmen ziehen 62
RAM 2
RapidFile 111, 113
Rechenfunktionen 75
Regiezentrum 7. 10
Rückkehr zum aufrufenden
    Programm 107
Rückwärts suchen 29

Schablone 77
Schmalschrift 71
Schnittstelle 3
Schritt zurück 10
Seite Kopfzeile Bereich 68
Seitenlänge 71

Seitenvorschub 71
Selectmodus 56
Serienbriefe 91
Serienbrief-Layout 91
Sicht abspeichern 52
    aufrufen 52
    erstellen 49
    öffnen 37
Sicht-Maske 59
Software-Voraus-
    setzungen 2
Sortieren 47
    nach diesem Feld 36
Sortierung 27
Speichern des aktuellen
    Menüs 107
    des Berichts
        72, 80, 94
    des Etiketten-
        formats 87
    und beenden 15
Standardeingabe-
    formular 55
Standardlayout 55, 67
Standardprogramm
    erstellen 99
Standard-Bericht
    erstellen 91
Standard-Berichte 67
Statuszeile 7
Steigend ASCII 36
Sternchen 34
Struktur ändern 19
Suchbedingungen-
    definieren 39
Suchbegriff 34
Suche allgemein 29
    rückwärts 29
    über Index 28
    vorwärts 29
Suchfunktionen 27
Summenfeld 76
    verschieben 77

SYLK-Multiplan 114
Systemdisketten 4

Tafel 11
Tagesdatum automatisch
    einsetzen 45, 92
Tastenkombination 8
Text eingeben 93
Textdatei mit fester
    Feldlänge 114
Text-Menü 63
TRIM-Befehl 85
Tutor 5
Typ ändern 19

Uhrzeit 5
Umfeld 10
Umrahmung 62
Umsatzliste drucken 105

UND-Verknüpfung 39
USE 12

Verbesserungen 101
Verknüpfen 49
Verlagernmodus 56
Verzeichnis 4
VisiCalc 114
Vorwärts suchen 29

Wörter invers
    darstellen 63

Zählfeld einfügen 77
Zählung 77
Zeichen 14
Zeichendichte 71
Zeilen teilen 68
Ziel-Diskette 1
Zweite Datei aktivieren 50

PROGRAMMENTWICKLUNG MIT dBASE III PLUS
von **Hubertus Dan**

Ein kompaktes Lern- und Arbeitspaket: Der praktische Teil enthält die kompletten Listings für ein Auftragsabwicklungs-Programm, das Sie unmittelbar nutzen können – ergänzt durch grundlegende Erläuterungen zur Programmierung in dBASE III PLUS. Aber auch der theoretische Hintergrund kommt nicht zu kurz: in Form eines Lehrbuches der strukturierten Programmierung macht der Autor Sie mit Software-Ergonomie, Systemanalyse, Programmiertechniken und Datenbanken vertraut. 560 Seiten mit Abbildungen plus Programm-Diskette, Best.-Nr. **3685** (1988)

DAS dBASE IV BUCH von Alan Simpson

Das Datenbank-Programm dBASE IV kann Ihnen viele Aufgaben erleichtern. Systematisch aufgebaut und praxisorientiert zeigt das Buch, wie Sie dBASE IV mit seinem Regie-Zentrum optimal ausnutzen. Zunächst lernen Sie die Grundlagen kennen – vom Aufbau einer Datei bis zur Verknüpfung verschiedener Datenbankdateien. Dann geht es an die Erstellung konkreter Anwendungen mit vielen Beispielen: z.B. Verwaltung eines Serienbriefsystems oder Kontrolle des Lagerbestands. Hier werden Sie in die Programmierung und den Umgang mit dem Programm-Generator eingeführt. Der Referenzteil enthält u.a. alle Befehle und Funktionen sowie die Unterschiede zwischen dBASE III PLUS und dBASE IV. Ca. 800 Seiten mit Abb., Best.-Nr. **3584** (1989)

 **Fordern Sie ein Gesamtverzeichnis
unserer Verlagsproduktion an:**

SYBEX-VERLAG GmbH
Vogelsanger Weg 111
D-4000 Düsseldorf 30
Tel.: (0211) 61 80 2-0
Telex: 8 588 163
Fax: 0211/6180227